웃음

웃음

LE RIRE

에릭 스마자 지음 • 서상훈·송태미 옮김

웃음 LE RIRE

초판 1쇄 2017년 9월 30일

지은이 | 에릭 스마자
옮긴이 | 서상훈·송태미

펴낸이 | 김영남
주간 | 임말희
편집 | 공윤조
펴낸곳 | (주)눈출판그룹

출판등록 | 2015년 7월 31일 제399-2015-000017호
주소 | 경기도 남양주시 수동면 외방로135번길 24
전화 | 1661-4310
팩스 | 031-511-4749
이메일 | nungroup@daum.net
홈페이지 | www.nungroup.co.kr

값 **15,000**원
ISBN 979-11-88466-03-0 (93180)

파본이나 잘못된 책은 바꿔드립니다.

 이 도서의 국립중앙도서관 출판시도서목록(CIP)은 e-CIP 홈페이지(www.nl.go.kr/ecip)에서 이용하실 수 있습니다. (CIP 제어번호 : 2017023623)

목차

일러두기

이 책에서 웃음과 관련된 용어는 다음과 같이 번역되고 정의되었습니다.

- 우스운 것 Le risible : 웃음을 유발하는 모든 요인, 사람을 웃게 만드는 모든 요인.
- 웃음 Le rire : 기쁨, 즐거움 등의 감정을 느낄 때 얼굴에 나타나는 표정과 성대에서 나는 특수한 소리.
- 유머 L'humour : 장난, 오락과 관련된 심리 작용. 주로 어린아이들에게서 관찰되는 장난. 현실의 어떤 요소를 우스운 형태로 변화시키고 그것을 즐기는 심리.
- 코믹 Le comique : 유머를 실현하는 수단과 과정. 말, 상황, 신체 자세 등 우스움을 느끼게 만드는 일체의 수단.
- 위트 L'esprit : 유머의 일종. 주로 지적인 차원의 유머. 반드시 매번 웃음을 유발하지는 않지만 미소나 감탄을 유발한다.
- 개그 Le gag : 코믹을 생산하는 말, 태도, 상황을 일컫는 말. 즉, 웃음을 유발하는 요소는 코믹이고 코믹을 만들어내는 상황은 개그라고 할 수 있다.

머리말

고대부터 오늘날까지 '웃음'이라는 주제는 수많은 담론을 형성해왔다. 그 담론들이 공통적으로 지적하는 웃음의 속성을 세 가지만 꼽아 보면 다음과 같다. 첫째, 웃음은 인간의 고유한 생리 현상이다. 둘째, 웃음은 그 구조상 기쁨이나 즐거움과 같은 감정과 밀접하게 연결되어 있으며, 보통 우스운 대상에 의해 유발된다. 이때 건강한 사람일수록 사소한 요인에 의해 더 크고 빈번하게 웃는다는 점에서 웃음은 건강 상태를 나타내는 지표가 될 수 있다. 셋째, 웃음은 반사적인 행동 양식이면서도, 웃는 주체의 지적 수준에 따라 우스움의 판단이 달라진다는 점에서 지적 능력과 밀접한 관련이 있는, 다소 이례적인 반사 작용이라고 할 수 있다.

"웃음은 인간 고유의 생리 현상이다"[1]라고 주장한 최초의 학자는 아리스토텔레스로 알려져 있으며, 훗날 이를 다시 한 번 상기시킨 학자로는 프랑수아 라블레(1483~1553)[2]가 있다. 라블레가 주장했을 당시 이 내용은 동시대인들에게 큰 공감을 불러일으켰는데, 이는 동물과 인간을 구분 짓는 문제, 자연과 문화의 경계를 결정하는 문제가

1) Aristotle, On the Parts of Animals III, 10.
2) François Rabelais, "Rabelais to the Reader," Gargantua.

시대의 큰 관심사였기 때문이다. 웃음은 동물과 인간을 가르는 중요한 차이 중 하나로 주목받았던 것이다. 인간의 조상이면서도 동물 상태를 벗어나지 못한 유인원과 같은 영장류에게서는 웃음이 관찰된 사례가 없다는 사실은 위의 주장을 더욱 확실하게 뒷받침했다.

좀 더 정확하게 정의한다면, 웃음은 우스운 대상이 야기하는 기쁨과 즐거움의 감정을 표현하는 하나의 기호라고 할 수 있다. 단순한 표정 변화로 그가 즐거움을 느끼고 있다는 사실이 명확하게 드러나며, 그의 감정을 자극하는 기제의 우스운 성격까지 나타난다. "사람들은 즐거울 때 웃는다. 우스운 상황이 벌어지면 사람들은 즐거워하기 때문이다." 웃음은 본질적으로 기쁨이나 즐거움의 감정과 연결되어 있어서 우스운 대상을 만나면 감정적 반응이 일어난다. 따라서 웃음은 정신 건강에 긍정적인 영향을 미친다.

웃음은 또한 그 '충동적'이고 '발작적'인 성격 때문에 무의식적인 반사적 행동이나 자동적 반응으로 여겨진다. 반사적 행동은 보통 어떤 관념적 정신 활동도 동반하지 않는 기계적 행동을 말한다. 사람이 웃을 때는 언어 표현이 동반되는 것도 아니고, 사고를 요하지도 않으며, 단지 웃음이 터질 뿐이다. 웃음이라는 반응이 실행될 뿐인 것이다. 따라서 반사적 반응인 것은 확실해보인다. 그러나 우리의 경험을 관찰해보면 웃음과 지적 능력의 상관 관계를 의심하지 않을 수 없다. 이 문제와 관련하여 레비스트로스(1908~1991, 프랑스의 사회학자이자 문화인류학자)는 일찍이 집단 현상의 무의식적 속성을 설명한 바 있는데, 그의 이론은 반사행동과 지적 능력의 상관 관계를 이해하는 데 상당한 도움을 준다. 그의 저서 『구조적 인류학Structural Anthropology』의 서문 일부를 살펴보자.

"특정 집단의 구성원들이 관습을 실천하고 신앙을 공유하는 무의식적 동기들을 보면 대부분 그들이 의식적으로 주장하는 동기들과는 동떨어져 있음을 알 수 있다. 우선 우리 사회만 보더라도 사람들이 식사 예절, 각종 의례, 도덕적·정치적·종교적 의식을 이행할 때, 각 의례의 기원을 생각한다든지 그 실질적 기능을 고민한다든지 하는 일은 없다. 그저 습관에 따라 행동하고 생각할 뿐이다."[3)]

웃음에 관해서도 레비스트로스 식으로 설명할 수 있다면, 이성적 사고나 정신 작용이 개입하면서도 얼마든지 무의식적으로 실행되는 습관적 행동이 되는 것이 가능하다.

기존의 담론들은 웃음을 단순 반사행동으로 보는 전통적 견해를 광범위하게 받아들이고 있다. 그러나 이 주제는 웃음의 본질을 제대로 파악하고자 하는 수많은 학자의 관심을 꾸준히 모으고 있으며, 철학자, 심리학자, 동물생태학자, 의사 등 다양한 분야의 학자들이 각자 다른 이론을 펼치며 자신의 보편 타당성을 주장하고 있는 상황이

3) Claude Lévi-Strauss, "Introduction: History and Anthropology," Structural Anthropology, Volume 2 trans. Monique Layton, Chicago: University of Chicago Press, 1983.

다. 각각의 이론이 나름대로 일리가 있는 것은 분명하다. 그러나 현재로서는 이 이론들을 좀 더 발전된 단계에서 활용 가능한 다양한 자료체로 보는 것이 적합하다. 언젠가 하나의 통합된 이론이 나온다면 그 동안의 모든 연구는 반드시 그에 기여할 것이다.

앞서 소개한 두 가지 유형의 담론은 분명히 만족스럽지 못하다. 전자는 웃음의 역사성과 웃음 결정론의 복잡한 성격, 이 두 가지 본질적 특성을 외면하고 있다. 후자의 경우, 순전히 이론적 분석만으로 웃음의 속성을 세분화하는 환원주의적 관점을 취하고 있는데, 이는 웃음의 실제적 특징을 관찰하는 데는 거의 도움이 되지 않는다.

마르셀 모스(1872~1950, 프랑스의 인류학자이자 사회학자)는 신체의 표현 기법에 관한 논고에서, 인간의 모든 행동, 안면 모방이나 기타 '신체적 표현 방법'들을 파악하기 위해서는 다양한 분과의 통합적 연구가 반드시 필요하며, 이는 생물적, 심리적, 사회·문화적 측면을 종합적으로 살펴보아야 하기 때문이라고 설명했다. 인간은 동물의 진화 단계에서 가장 높은 수준에 도달하기까지 여러 단계를 거쳐 진화했으며 여타 동물들과 뚜렷이 구분되는 계통을 갖추기에 이르렀다. 인간만의 언어 체계를 구축하여 정신적 삶과 문화적 삶이라고 하는 '두 가지 주요 혁신'을 이루었고 이것은 그들의 조상인 유인원과 좁힐 수 없는 거리를 만들었다. 뿐만 아니라 계통발생론의 연장선상에서 인간의 유전자는 보전될 뿐 아니라 새롭게 획득하는 인간적 특수성(좀 더 복잡한 정신 작용과 고차원적 문화)을 지향한다. 이는 결정론의 복잡한 조건, 다중적 기능, 다의성 등에 의해 유전자가 개별 행동 원리에 개입하기 때문이다. 따라서 인간의 개별 행동 중 하나를 제대로 이해하기 위해서는 '총체적 인간'을 탐색하는 것이 필수적이다.

이와 관련하여 마르셀 모스는 다음과 같이 이야기한다.

"한 가지 조건만 보기보다 세 가지 조건을 동시에 고려하는 수고를 하지 않고서는 뜀박질, 걸음, 수영 등의 행동을 제대로 파악할 수 없다는 것이 나의 결론이다. 즉, 걸음에 대해 알고자 한다면 해부학적·생리학적 측면을 고려해야 하는 동시에 기계적·물리적 측면을 무시할 수 없고, 사회·심리학적 측면에 관한 연구도 함께 이루어져야 한다. '총체적 인간'의 걸음걸이를 파악하기 위해서는 바로 이 세 가지 측면을 종합적으로 살펴보아야 한다."[4)]

이와 같은 이유로 나는 '웃음'이라는 대상을 더 잘 이해하기 위해서는 개념적 도구와 다학제간 접근이 반드시 필요하다고 본다. 각각의 분과, 즉 비교 행동학, 의학, 인지심리학, 정신분석학, 인류학 등의 지식 을 하나의 목적 아래 연결시키기 위해서 나는 의사소통 communication을 이론의 기본틀로 선택하고자 한다.

---

4) Marcel Mauss, "Techniques of the Body," Techniques, Technology and Civilisation, Nathan Schlanger (ed.), New York: Durkheim Press, 2006.

5) Ludovic Dugas, Psychologie du Rire (1902), Whitefish MT: Kessinger Publishing, 2010.

흔히 사람들은 웃음이 얼굴에 나타난 감정표현이라고 생각한다. 실제로 웃음은 하나의 중요한 비언어 의사소통 방법으로, 기쁨이나 유쾌함뿐 아니라 적대감이나 불안과 같은 감정적 메시지를 효과적으로 전달하는 수단이다.

의사소통 이론은 다학제간 통합 연구를 아우를 수 있는 방법론을 제공한다. 따라서 의사소통 이론의 관점에서 접근하면 생물학적, 심리학적, 병리학적 측면뿐 아니라 사회·문화적 측면까지 종합적으로 고찰하는 것이 가능해진다.

1장에서 우리는 웃음에 대한 세 가지 고전적 정의를 알아볼 것이다. 프랑스어 사전에서 '웃음'이라는 단어의 여러 가지 쓰임을 살펴보고, 고대 철학자들에서 앙리 베르그송(1859~1941, 프랑스 철학자)에 이르기까지 철학에서는 웃음이라는 주제를 어떻게 다루어왔는지 검토해보도록 하자.

철학자들은 답을 찾아가는 과정에서 적절한 질문을 던질 줄 아는 사람들이다. 뤼도빅 뒤가의 글[5]에서 우리는 다음과 같은 내용을 발견했다. "웃음은 많은 다양한 사유를 불러일으켰고, 그 중 다수는 체계적인 이론으로 발전했다." 철학자들의 사유는 실제로 웃음의 복잡한 성격들을 하나 하나 밝혀왔다.

2장에서는 비교행동학에서 다루는 웃음의 현상학적 측면에 관해 알아볼 것이다. 여기에서 나는 웃음의 역사적 요인들, 즉 계통발생과 개체발생의 요인을 최대한 면밀히 기술하고자 노력했다.

3장에서는 웃음을 유발하는 외적 요인과 내적 요인을 살펴볼 것이다. 외적 요인이란 다름 아닌 우습다고 판단되는 대상으로서, 이것은 동시에 우스움을 판단하는 주체의 정신 내면의 문제이기도 하다. 반면에 내적 요인은 좀 더 복잡다단한 것으로서, 대뇌에서 일어나는 일련의 정신 작용과 성대의 발성 과정을 포함한다. 이와 같은 내용을 다루는 데는 신경병리학, 정신의학, 정신분석학의 기존 연구 결과들이 매우 중요한 자료가 된다.

2장과 3장은 생물학적으로 또 정신내적으로 웃음이 어떤 기호적 성격을 띠고 있는가를 기술하는 것으로 마무리될 것이다.

끝으로 4장에서는 웃음의 사회·문화적 측면을 살펴볼 것이다. '자연스러운' 사회 환경, 즉 역사적으로 규정된 한 집단의 사회·문화적 삶 속에 나타난 웃음의 특성을 파악하고자 한다. 이를 위해서는 웃음이 문화적으로 기호화되는 과정에서 작용하는 각각의 매개변수를 짚어볼 필요가 있을 것이다. 나는 민족지학적ethnographic 사례들을 바탕으로 웃음과 우스운 것 사이의 상관 관계를 새롭게 조명하고자 한다. 웃음과 웃음을 유발하는 우스운 대상은 '우스운 것-웃음 소통 시스템'이라 명명될 이론을 바탕으로 그 관계가 재조명될 것이며, 이로써 웃음은 우스운 것의 소통 시스템과 개인적, 사회적 감정표현 시스템 사이에서 매개자의 위상을 얻게 될 것이다.

웃음이라는 신비로운 세계로의 탐험을 마치면서 나는 이 다학제간 연구의 결과가 설득력 있는 담론이 되기에 충분한 타당성을 갖추기를 소망한다. 또한 지속적으로 새로운 발견을 가능케 하는 다각적 인식의 틀을 제시할 수 있기를 바란다.

1993년 이 책의 초판이 출간된 후부터 지금까지 웃음에 대한 사람들의 관심은 놀랄 만큼 뜨거워졌다. 각종 언론 매체와 대중은 각자의 관점에서 이론적 근거가 빈약한 주장들을 꺼내놓았다. 가령, 다음과 같은 말들을 곳곳에서 들을 수 있다. “인간은 예나 지금이나 늘 사회를 이루며 살고 있지만 오늘날 우리는 웃음을 잃어버린 시대를 살고 있다. 웃음은 매우 유익한 것이며 무엇보다 정신적, 신체적 건강을 유지하는 데 큰 도움을 준다. 현대인들에게는 더 풍성한 웃음이 필요하다.” 이제는 웃음을 전도하는 각종 단체와 모임, 학교가 설립되어 사회 각계각층에 자리잡았다. 현 시점의 이러한 사회·문화적 현상도 매우 흥미로운 연구의 대상이지만 안타깝게도 이 책에서는 다루지 못했다. 여기에서는 ‘웃음’에 제 위상을 찾아주는 일에 충실하고자 한다.

I

'웃음'에 관한 문학적, 철학적 고찰

1. 정의

3대 프랑스어 사전인 라루스Larousse, 로베르Robert, 리트레Littré는 '웃음'을 다음과 같이 정의하고 있다.

- 『라루스 사전』 웃다(동사) : 숨을 내쉬며 얼굴 근육을 특정 방식으로 긴장시킴으로써 즐거운 감정을 표현하는 행위. 즉흥적으로 일어나는 신체적 반응이며 크고 작은 소리가 동반됨.
- 『로베르 사전』 웃다(동사) : 입을 크게 벌림으로써 즐거움의 감정을 표현하는 행위. 즉흥적으로 일어나는 신체적 반응이며 크고 작은 소리가 동반됨.
- 『리트레 사전』 웃다(동사) : 우스운 것과 즐거운 것에 자극받았을 때, 그로 인해 특정 방식으로 입술을 움직이는 행위. 웃음은 신체언어 중 하나로서 즉흥적인 날숨과 크고 작은 소리가 동반됨. 그 과정에서 횡경막이 위축되고 얼굴의 근육이 무의식적으로 긴장됨.

위의 정의를 참고하면 웃음은 즐거움을 나타내는 안면 표현이며 신체의 시각적, 청각적 반응을 동반하는 특징이 있다.

2. 프랑스어 동사 'rire(웃다)'의 쓰임

프랑스어에는 '웃다'라는 동사를 사용하는 수많은 표현이 존재한다. 이 표현들을 보면 '웃음'이라는 하나의 신체 행위를 통해 우리가 참으로 다양한 의미를 전달하고 있다는 사실을 알 수 있다. 여기에서는 『리트레 사전』을 참고하여 문학 작품에 나타난 '웃다' 동사의 다양한 쓰임을 살펴보자.

- 눈물 나게 웃다 : 눈에서 눈물이 날 정도로 심하게 웃다.
- 목젖이 보일 정도로 웃다, 미친 듯이 웃다 : "그 두 여인들이 나를 알아보고는 내게서 시선을 돌리지도 않은 채 마치 미친 여자들처럼 웃기 시작했다."(르사주Lesage)
- 자지러지게 웃다 : "아침에 잠에서 깨어나면서, 밤에 잠들면서 자지러지게 웃은 지 벌써 석 달째요."(볼테르Voltaire, 1760년 8월 11일 『티에리오에게 쓴 편지Lettre à Thiériot』)
- 웃을 기회를 노리다 : 웃음이 나올 만한 상황을 찾다. "웃음이 나오도록 스스로 간지럼을 태우다."
- 기꺼이 웃음으로 답하다 : 충분히 웃을 만한 가치가 있는 상황에서

그에 합당한 웃음으로 만족을 표하다. "스스로에 대한 지나친 자신감으로 그는 매 순간 자족할 수 있는 사람이다. 그 때문에 그의 입가에는 웃음이 떠날 날이 없다."(몰리에르 Molière, 『여학자들Les Femmes savantes』, I, 3)

– 속으로 웃다 : 겉으로 내색하지 않고 속으로 만족감을 느끼다.

– 누군가에게 웃음을 보내다 : 누군가를 기분 좋게 할 목적으로 웃으면서 대하다. "사람들은 그를 대할 때마다 웃으며 그를 반기고, 그도 또한 어디에서나 사람들과 잘 섞인다."(몰리에르, 『인간 혐오자Le Misanthrope』, I, 1)

– 웃자고 하는 얘기다, 웃자고 하는 일이다 : 이 말 또는 이 행동은 진지한 것이 아니다.

– "웃기지 마라": 적절하지 않은 행동을 하거나 믿을 수 없이 황당한 말을 하는 사람에게 하는 말.

– 비웃음을 사다 : 놀림거리를 제공하다.

– 조소하다 : 조롱하다, 놀리다. "코엣캉 부인이 뚱뚱한 것은 사실이다. 비웃고 싶은가? 마음껏 비웃어라."(세비녜Sévigné, 370)

– (모욕적으로) 코웃음을 치다: 면전에서 코웃음을 치며 모욕을 주다.

– 애써 웃음을 감추다 : 겉으로 내색하지 않고 속으로 음흉한 만족감을 느끼다.

– 억지 웃음을 짓다 : 불쾌함을 감춘 채 억지로 웃다. "나는 내 감정을 숨기기 위해 억지로 웃음을 지어 보였다. 그러면서 그에게 이는

참으로 유쾌한 모험이 아닐 수 없다고 말했다."(르사주, 『알프의 머리털 Guzon d'Alf』, V)

- "마지막에 웃는 자가 최후의 승자다": 능력을 넘어 어려운 일에 성공한 사람에게 하는 말.

이와 같이 웃음은 친근감, 자기 만족, 적대감, 조롱 등 참으로 다양한 의미를 전달할 수 있는 표현 수단이다. 특기할 만한 점은 매우 상반되는 감정을 표현하는 양면성을 지니고 있다는 점이다.

3. '웃음'에 관한 철학적 고찰

다수의 철학자들과 문인들이 그동안 '웃음'과 '우스운 것'에 관한 자신의 해석을 주장해왔다. 이 가운데는 자신의 해석을 발전시켜 이론으로 확립한 사례도 적지 않다.

여기에서 잠시 우리는 기존의 이론들 가운데 주목할 만한 내용들을 하나하나 살펴보며 큰 흐름을 짚어보도록 하겠다.

각각 다른 시대를 살았던 사상가들의 견해를 오늘날 재조명하고자 할 때 무엇보다 중요한 것은 각 시대의 사회·문화적 조건, 즉 획일적인 개념이나 가치의 지배를 받았던 사고 체계의 특수성을 고려하는 것이다. 그들이 웃음을 탐구하기 전부터 형성되어 있었던 사고체계가 웃음에 관한 문제 제기에 큰 영향을 미쳤으리라는 사실을 기억할 필요가 있다.

다음에 이어지는 내용에서 나는 각 시대의 전체적인 맥락을 다 보여주지 못하고 다만 '웃음'과 '우스운 것'에 대한 학자의 견해만을 따로 추출했는데, 그에 따르는 위험을 분명히 인지하고 있었다는 점을 미리 밝혀 둔다.

1. 고대의 웃음

A) 그리스 철학의 두 거장 : 플라톤과 아리스토텔레스

a) 플라톤

플라톤이 스승 소크라테스의 생각을 정리하여 엮은 저서 『필레보스 Philèbe』에는 쾌락의 다중적 의미를 다룬 부분이 있는데, 바로 여기에서 우리는 '웃음'과 '우스운 것'에 관한 플라톤의 생각을 발견할 수 있다.[7)]

웃음은 일차적으로 즐거움의 표현이다. 그러나 이 즐거움은 조롱이나 조소와 같은 다양한 형태로 고통과 뒤섞일 가능성을 내포하고 있다.

플라톤에 따르면, 시기심은 '영혼의 고통'이며 시기심이 있는 사람은 타인의 불행을 즐거워한다. 조소와 조롱의 웃음은 바로 이 시기심을 바탕으로 한다.[8)]

그렇다면 '조롱할 만한 것'이란 과연 무엇이며, 우리가 즐거워해도 좋을 만한 타인의 불행이란 또 무엇일까?

조롱할 만한 것이란 무지나 그릇된 견해에서 비롯되는 오류이며, 또는 재산, 외모, 정신 등 세 가지 영역에서 자기 스스로를 방어할 힘

7) Plato, Philebus 48-50.
8) *Φθόνος*, translated as envy, spite, malice.

이 부족한 연약한 주체가 범할 수 밖에 없는 착각, 또는 그로부터 비롯된 결함일 것이다. 연약한 주체는 스스로를 부유하고 잘생겼으며 지혜롭다고 여기지만, 실제로 다른 사람들의 눈에 그는 가난하고 못생겼으며 어리석다. 이와 관련하여 플라톤은 다음과 같이 말하고 있다.

"조롱할 만한 것의 본질을 보아라. 결국 그것은 특별한 형식을 취하는 악이다. 악의 영역에서도 특히 델포이 문구('너 자신을 알라')가 말하는 바와 정확히 대치하는 지점의 악이다."[9]

플라톤은 도덕적 판단에 기초하여 조롱의 웃음을 다시 두 유형으로 구분한다.

먼저, 적대적인 관계에 있는 사람에게서 발견하는 어리석음은 타당한 근거가 있으며 정당하고 옳은 것으로 인정된다. 이 경우에 웃음의 주체가 느끼는 조롱의 감정은 분명히 즐거움과 시기심, 즉 즐거움과 고통이라는 양면성을 함께 갖고 있다. 그런데도 우리는 이 웃음을 순수하게 즐거운 웃음으로 볼 수 있는 것일까?

반대로 친구에게서 발견하는 어리석음은 즐거움과 고통이 뒤섞인, 떳떳하지 못한 웃음을 유발한다.

플라톤은 『국가론』에서 영혼을 혼탁하게 만드는 폭력적 웃음

9) Plato, Philebus, 48b.

을 비난한다. 그는 호메로스가 묘사한 신의 신성한 웃음과 '도시국가의 보호자(행정관과 통치자)'라 자처하는 이들의 웃음을 동일하게 비난한다.[10)]

이러한 비웃음은 일종의 '찌푸린 인상'으로, 자제력을 상실한 주체가 어떤 자극 앞에 보이는 경솔한 반응이다. 따라서 이는 부적절하고 예의에 어긋나며 불안을 조장하는, 위험하기 짝이 없는 행동이다. 책임감과 기품을 지닌, 자유로운 시민이라면 마땅히 자제해야 할 행동이다.

"누구든지 비웃음의 충동을 이기지 못한다면 결코 존경받을 만한 사람이라 할 수 없으며, 하물며 신들의 경우야 두 말할 나위가 없다… 그러므로 우리는 호메로스가 쓴 다음의 글에 찬성할 수 없다 : 궁전을 짓는 일에 여념이 없는 헤파이스토스(그리스 신화에 등장하는 대장 공예의 신 – 역주)의 모습을 보며 신들이 쉴새 없이 터져 나오는 웃음을 감추지 못했다."[11)]

플라톤이 말하는 웃음은 타인에게서 조롱거리를 발견했을 때 느낄 수 있는 즐거움의 표현이다. 즉, 적대 관계에 있는 타인을 비웃는 경우라면 정당한 비웃음이 될 것이요, 친구를 비웃는 경우라면 부당

---

10) Plato, Republic, Book Ⅲ 388a-389a.
11) Ibid., 388e-389a.

한 비웃음이 될 것이다. 그러나 어떤 경우에라도 이러한 비웃음은 추하고 역겹고 위험하며, 사회적 물의를 일으키는 웃음이다. 뿐만 아니라 이 비웃음은 인간으로 하여금 자기 절제, 균형, 조화 등 도시국가(고대 그리스)의 자유 시민이라면 마땅히 추구해야 할 고귀한 이상에 도달하지 못하도록 방해한다. 따라서 사회 지도층 인사라면 특히 경계해야 할 몸가짐이다. 굳이 덧붙이자면 이러한 웃음은 사기꾼, 미치광이, 불한당, 노예 등에게나 어울릴 법하다.

b) 아리스토텔레스

『시학』에서 아리스토텔레스는 우스운 것le risible과 개그le comique를 모두 저속한 것, 품위를 손상시키는 것으로 기술했다. 그것이 몸으로 웃기는 것이든 지적으로 웃기는 것이든, 또한 그 내용이 도덕적 영역에 속해 있든 감정적 영역에 속해 있든 사회적 영역에 속해 있든, 경멸해야 마땅한 부정한 것으로 보았다.

아리스토텔레스와 플라톤 시대의 도시국가는 모리스 올렌더의 표현처럼 '도시 사회의 기틀을 세워주고 공동체 정서를 형성하는 각종 형식과 공동의 가치'를 최고의 이상으로 여기고 있었다.[12)]

여기서 말하는 공동의 가치란 예의, 품위, 절제, 균형, 생각의 조화만큼이나 유용성, 기능성, 질서를 포함하고 있으며 외모, 몸짓, 언

---

12) Maurice Olender, "Priape à tort et de travers," Nouvelle Revue de psychanalyse n°. 43, Paris: Gallimard, 1991.

어의 조화 또한 빼놓을 수 없다.

이것들은 모두 도시국가의 자유 시민이 추구했던 가치들이다.

이와 대립하는 가치들, 즉 무절제, 무질서, 무능력, 음란, 부조화는 어떤 형태로 나타나든지 사회 규범과 질서를 어지럽히는 것들로 여겨졌다. 소작농, 시골뜨기, 노예, 광대, 미치광이, 악인, 어린이에게서 이러한 성격이 드러난다고 보았고, 심지어 노인조차 이들과 같은 취급을 받았다.

이들은 모두 도시국가의 질서와 조화를 위협하는 '추한' 부류에 속했다.

그러나 아리스토텔레스는 이 추한 가치들이 우스울지언정 위험한 것은 아니며, 고통을 가져오거나 해를 끼치는 것은 아니라고 지적한다.

그는 오히려 웃음을 유발하는 사람이 정신적, 사회적 안정감을 제공하는 역할을 한다고 주장했다.

"개그는 많은 추한 것들 중 하나에 지나지 않는다. 개그는 그저 결함에 불과하기 때문에 고통이나 파괴를 불러올 만한 힘을 갖지 못한다. 그 단적인 예로 광대의 가면을 들 수 있다. 단지 추하며 일그러져 있을 뿐 그것이 고통을 표현한다고는 할 수 없다."[13)]

---

13) Aristotle, Poetics, Chapter 5, 1449a.

또한 코미디는 개그에 극적인 형태를 더한 것으로, 저급한 인간을 표상할 뿐이다.

웃음에 관한 논의를 끝내며 아리스토텔레스는 '추하게 얼굴을 찌푸리고 일그러뜨리며 목소리를 변질시키는, 그야말로 고상함의 적'이라고 할 수 있는 웃음은 묘하게도 인간만이 가진 고유함 가운데 하나임을 밝힌다.

지금까지 살펴본 것처럼, 웃음과 우스운 것에 관한 플라톤과 아리스토텔레스의 이론은 웃음을 유발하는 자의 '우월감'과 우스운 대상의 저속함을 전제로 한다는 사실을 알 수 있다.

B) 로마 시대의 웃음–키케로와 퀸틸리아누스

a) 키케로

웃음과 우스운 것에 대한 키케로의 견해가 잘 나타나 있는 저서로는 『웅변가론』[14]이 있다. 여기에서 그는 특별히 연설자가 유발하는 웃음에 초점을 맞추고 있는데, 연설자의 우스움은 광대나 희극 배우의 개그와는 확연히 구분된다.

키케로에 따르면, 연설자의 '농담'은 다음의 다섯 가지 질문에 답할 수 있어야 한다.

14) Marcus Tullius Cicero, De Oratore, Book II, 235-236.

1. 이 농담이 유발하는 웃음의 성격은 어떠한가?
2. 이 농담에서 결정적으로 웃음을 촉발하는 요인은 무엇인가?
3. 연설자가 웃음을 자극하는 것은 적절한 행동인가?
4. 연설자는 어느 정도까지 웃음을 자극할 수 있는가?
5. 조롱거리에는 어떤 종류가 있는가?

키케로는 첫 번째 질문에 스스로 답을 하는 대신 데모크리토스의 견해를 빌리기로 했다.

우스운 것의 성격은 어떠한가? 이에 관해서 그는 그리스 사상가들의 견해를 참고했는데, 그 중에서도 특히 아리스토텔레스의 생각에 주목했다. 즉, 육체적·지적·도덕적 차원의 결함, 모자란 인간성, 저급한 것들이 웃음을 유발한다는 것이다. 가치가 떨어지는 모든 것들이 웃음을 유발하는 요인에 해당한다고 보아도 무리가 없다.

"웃음의 주제, 웃음의 영역은 항상 어떤 추함이나 기형성과 연결되어 있다. 왜냐하면 웃음을 터뜨리게 하는 유일한 수단, 적어도 가장 강력한 수단은, 항상 스스로는 비웃음에 직면하지 않으면서 관중이 예상치 못하는 의외의 우스꽝스러운 것을 제시하거나 묘사하는 것이기 때문이다."[15]

---

15) Ibid., 236.

웅변가들은 자주 재치 있는 농담을 지어냈는데, 그들에게 농담은 사교의 수단이자 공격과 방어를 위한 무기였다. 실제로 당시 웅변가들에게 농담은 자주 효과적이고 유익한 무기로 사용되었다. 대중의 웃음을 자아내는 농담은 조롱의 무기이자 공격성을 갖춘 사교의 수단이었으며, 다른 한편으로는 사람들의 마음을 사로잡는 유혹의 기술이었고 대중의 마음을 모으는 선동의 수단이었다.

이는 연설자의 경우에 해당하지만 일반적인 웃음에 적용해도 무리가 없는 내용이다. 이후에 살펴볼 내용에서 우리는 웃음이 일반적으로도 매우 효과적인 사교의 수단이며, 공격과 방어와 정당화에 유용하게 쓰인다는 것을 확인할 것이다.

연설자들이 재담을 발휘할 때 이들은 일정한 사회적 규범에 의해 제약을 받는다. 이러한 점에서 연설자의 유머는 소위 웃음 전문가라 할 수 있는 익살꾼과 어릿광대의 유머와는 분명하게 구분된다.

유머를 둘러싼 사회적 규범은 유머의 소재에서부터 관중의 정체, (광대의 기술과는 다른) 연설자 고유의 화법에 이르기까지 실로 모든 것에 개입했다.

따라서 어떤 주제들은 규범에 의해 유머의 대상에서 제외되었다. 가령, 극한 불행이나 패륜 등은 금기사항이었다.

반면에 사회 규범이 늘 허용하는 주제도 있었는데, 인간의 부도

덕함, 신체적 결함과 기형 같은 주제들은 아무런 제재를 받지 않았다.

대중의 웃음을 유발하는 행동은 크게 언어 개그와 비언어 개그, 또는 언어와 비언어의 혼합 개그로 구분할 수 있다. 비언어 개그에는 흉내내기를 비롯한 몸짓 개그나 성격 묘사 등이 포함된다.[16)]

언어 개그와 비언어 개그 모두 각 영역에 해당하는 사회 규범의 제약을 받았다.

키케로는 비언어 개그와 혼합 개그를 다시 두 종류로 구분했다. "한 에피소드 내에서 몇몇 인물들의 성격을 있는 그대로 재현할 수도 있고, 재빠른 흉내 내기를 통해 인물의 특정 결점만을 풍자하여 즉시 대중의 웃음거리로 만들 수도 있다."[17)]

이러한 유형의 풍자를 선호하는 연설자는 기괴한 모방, 패러디, 우거지상, 외설스러운 행위를 하는 어릿광대들과 자신이 다르다는 것을 보여주어야 했다.[18)]

'표현 재담' 또는 언어 개그로 불리는 유형에 대해 키케로는 다음과 같이 설명했다.

"표현 재담은 찌르는 성격, 숨기는 성격을 특징으로 한다. 말로서 어떤 부분을 날카롭게 지적하거나 생각하는 과정을 통해 숨겨진

---

16) Ibid., 240-43
17) Ibid., 243.
18) Ibid., 242.

것을 암시하는 것을 말한다. 언어 개그도 사회 규범의 제약을 받는데, 이 규범들 역시 광대의 상스럽고 공격적인 입담과 연설자의 개그를 구분하여 제제를 가했다."[19]

그는 또 '웃음을 유발하는 가장 적절한 방법'을 나열했다.

"따라서 청중의 예상을 뒤집기, 타인의 결점을 꼬집기, 재치 있게 자신의 결점 또한 꼬집기, 재미있는 비교를 통해 웃음거리를 만들기, 아이러니를 이용해 생각을 위장하기, 상대방의 어리석음을 재현하여 비웃기 등 웃음을 유발하는 방법은 수없이 많다."

지금까지 우리는 웃음과 우스운 것에 관한 키케로의 이론을 살펴보았다. 그의 이론은 기본적으로 수사학의 영역에 속하지만, 일반적인 영역으로 확대 적용해도 전혀 무리가 없다.

따라서 나는 책의 후반부에서 다른 훌륭한 이론들을 검토할 때 다시 한번 키케로의 이론을 중요하게 다룰 생각이다.

b) 퀸틸리아누스(『웅변연구소De institution』)[20]

퀸틸리아누스는 키케로의 지적 전통을 계승하여 수사학 분야에서 자

---

19) Ibid., 244.
20) Quintilian, Institutes of Oratory, Book VI, Chapter 3 ("De Risu").

신의 사상을 발전시킨 학자다. 키케로와 마찬가지로 그도 유머의 주제와 소재, 언어 개그, 비언어 개그, 혼합 개그, 개그의 기술, 광대의 관행과는 구분되는 연설자의 개그를 통제하는 규범 등에 관해 논했다.

또한 그는 웃음의 본질과 인과 관계에 특별한 호기심을 느꼈고, 마술과도 같은 웃음의 위력에 경이로움과 두려움마저 느낀다고 고백했다.

"(8) …웃음을 하찮은 것으로 보고, 농담꾼·모방꾼·바보들이나 웃음을 유발한다고 해서 더욱 시시하게 보지만, 그러나 바로 그 웃음에는 쉽게 저항할 수 없는 엄청난 힘이 있다는 사실은 인정해야 한다. (9) 웃음은 심지어 우리 자신도 모르게 튀어나오고 얼굴이나 소리로 표현하지 않더라도 온몸을 격렬하게 흔들어놓는다. 또한 아주 중요한 사안을 다룰 때 분노와 증오의 분위기를 일순간 와해시켜 상황을 반전시킨 사례도 적지 않다."[21]

키케로와 퀸틸리아누스는 자신들의 담론 전반에 걸쳐, 즐거움의 감정을 유발하면서도 공격성이 있는 무기로서 웃음을 설명하고 있으며 웃음의 가학적인 성격도 지적하고 있다. 웃음의 가학성은 다른 많

21) Ibid., Chapter 3: 8, 9.

은 철학 이론에서도 다루어지는 내용이다.

2. 중세 시대의 웃음

자크 르 고프의 유명한 저서 『중세 시대의 웃음』에 따르면, 기독교 전통의 지배를 받았던 시대에 사람들은 두 가지 방식으로 웃음을 설명했다고 한다.[22] 그 중 하나는 그리스 정교의 창시자들이 고안한 것으로, 라틴계 서유럽으로 전파되었다. 이들은 예수를 가장 위대한 인간의 모델로 간주했다. 그런데 웃음은 열등한 인간의 것으로 여겼기 때문에 예수와 웃음은 어울릴 수 없는 것이었다. 따라서 복음서에 예수의 웃음에 관한 일체의 기록이 배제되어 있는 것은 자연스러운 일일 것이다. 다른 하나는 아리스토텔레스 사상에서 유래한 것으로, 한편으로는 기독교 사상가들에게 전파되었고, 다른 한편으로는 13세기 스콜라 학파에 계승되었다. 스콜라 학파는 웃음이 인간의 고유한 특성이라는 주장에 반대하는 입장을 취했다. 중세인들은 너무나도 상이한 이 두 가지 웃음을 어떻게 조화시킬 수 있었을까?

자크 르 고프에 따르면, 중세인들은 웃음에 관한 두 가지 담론을 발전시켰다. 한편으로는 철학과 신학의 이론을 면밀히 검토하여 웃음을 정의했고, 다른 한편으로는 웃음을 유발하는 요인을 실증적으

22) Jacques Le Goff, "Rire au Moyen Âge," Les Cahiers du Centre de Recherches historiques, 3, 1989.

로 관찰하여 웃음의 심리학과 웃음의 미학을 확립했다. 이런 이유로 오늘날 우리는 중세의 문헌에서 규범적인 글과 미학적인 글을 동시에 발견하곤 한다.

르 고프는 자신의 글에서 웃음을 신체 현상으로서, 또 문화·역사적 현상으로서 기술한다. 웃음은 각 사회의 특징에 따라 다르게 나타나며 한 사회 내에서도 계층에 따라, 시대에 따라 차이를 보인다. 르 고프는 이렇게 표현했다. "웃음에는 역사적인 맥락이 있다."

르 고프는 중세 중기부터 르네상스 초기까지 수도원을 중심으로 한 웃음 이론의 발전 과정을 연대기적으로 보여준다. 여기서 우리는 그가 수도원이라고 하는 특수한 사회 집단을 분석했다는 사실을 기억해야 한다.

중세는 웃음을 사악한 것으로 규정하고 웃음을 통제했다. 수도원의 지도층은 웃음을 신체 및 입술과 연결시키고, 성적 쾌락과 연결시켜 입술의 윤리, 입술의 신학을 만들어냈다. 그런데 실상 이것은 웃음에 관한 수도원의 규칙을 정리한 것이나 다름 없다.

"웃음은 인간의 입술에서 나올 수 있는 가장 사악한 것이다. 따라서 웃음을 엄격히 금함으로써 입술의 경건함을 지켜야 한다."

수도사들은 경건한 기쁨은 웃음을 배척한다고 믿으며 이렇게 주장했다.

"웃음이 인간의 고유성이라면 이는 타락한 죄 많은 인간의 고유성이며, 웃음 그 자체가 죄악이다. 이 시대는 진정 사악한 웃음의 시대가 아닐 수 없다."

르 고프는 중세의 웃음을 연구하는 가운데 실제와 이론의 괴리를 느끼지 않을 수 없었다. 웃음을 죄악시하는 수도사들이 사실상 언어 유희를 즐겼고, 그 언어 유희를 기록한 모음집이 남겨졌을 정도였기 때문이다(Joca Monachorum).

중세 중기에 이르러 지나치지 않은 웃음은 어느 정도 허용되었다. 사람들은 선한 웃음과 악한 웃음, 즉 합법적인 웃음과 불법적인 웃음을 구별하기 시작했다.

"교회는 웃음에 대해 적절한 기준을 제시하는 것에 만족해야 했다"(토마스 아퀴나스의 글에서 우리는 스콜라 학자들이 합법적인 웃음의 조건을 제시한 내용을 읽을 수 있다).

이제 사람들은 규범에 따라 웃을 수 있는 때와 울 수 있는 때를 가려야 했던 것이다.

중세 후기에 와서야 마침내 자유분방한 웃음이 터져 나왔다. 르 고프는 바흐친Bakhtine을 인용하여 중세 후기의 웃음 해방을 설명한다. "도시인들은 중세 교회의 구속에서 스스로를 해방시켰고 광장의 웃음소리, 축제의 웃음소리가 도시 전역에 울려 퍼졌다."

이와 같이 중세 말기의 사회·문화적 맥락에서 허용되기 시작한 웃음은 르네상스 시대에 쾌락주의 웃음으로 이어진다. 르네상스 시대의 대문호이자 인문주의 사상가인 라블레와 함께 이 새로운 시대의 웃음을 탐색해보기로 하자.

3. 르네상스 시대의 웃음 – 라블레

라블레를 비롯한 르네상스 시대 인문주의 사상가들은 웃음의 고귀하고 긍정적인 가치를 되살리려 했다.

웃음은 사람이 살면서 느끼는 크고 작은 기쁨을 표현하는 수단이며, 감각적인 즐거움과 밀접하게 관련되어 있다. 감각적인 즐거움은 쾌락주의적 사고와 직결되기 때문에 쾌락주의 사상에서 웃음은 매우 중요한 가치를 지닌다. 웃음이 이와 같이 재평가되었던 르네상스 시대에 웃음이 인간 고유의 것이라는 아리스토텔레스의 주장이 다시 한 번 널리 강조되었다.

권위 있는 의사이자 인문주의자였던 라블레는 즐거운 웃음이 매우 효과적인 치료 요법임을 주장했다. 우리가 즐거워서 웃으면 감각기관을 통해 몸이 즐거움을 느끼고 우리의 정신 또한 즐거움을 느낀다. 이러한 다각적인 즐거움은 개인 또는 집단의 건강을 유지하고 관리하는 데 실질적인 도움을 준다는 것이다.

라블레는 소설 『가르강튀아Gargantua』에서 다음과 같이 웃음을 찬양한다.

"나의 친애하는 독자들이여,
모든 격정일랑 멀리 던져버리고
부디 이 책을 읽으면서 분노하지 않기를 바란다.
여기에는 어떤 악한 생각도 해로운 생각도 들어있지 않다.
그렇다고 완전하다는 얘기는 결코 아니다.
그대는 알게 될 것이다.
그대가 웃을 때 그 어떤 고민도
그대의 마음을 괴롭힐 수 없다는 것을.
슬픔이 밀려와 그대의 마음이 어둠에 잠길 때
나는 눈물보다는 웃음을 이야기하련다.
웃음은 인간에게만 주어진 축복이다."[23)]

4. 17세기의 웃음 – 데카르트, 스피노자, 홉스

A) 데카르트

데카르트(1596~1650, 프랑스의 철학자이자 수학자)는 자신의 저서 중 하나인

23) François Rabelais, "Rabelais to the Reader," Gargantua.

『영혼의 정념론Les passions de l'âme』에서 웃음에 관한 내용을 다루었다. 비록 웃음의 인과 관계를 깊이 파고들지는 못했지만, 생리학적 정의를 제시하는 한편,[24] 웃음이 내포하는 심리적 요소들을 설명했다.

그에 따르면 웃음이 즐거움을 표현하는 중요한 수단임은 명백하다. 하지만 즐거운 감정이 웃음으로 연결되는 것은 오직 다음의 경우뿐이다. 즉, 적절한 수준의 즐거움을 느낄 때, 예기치 못한 상황에서 놀라움과 만족을 동시에 느낄 때, 증오나 멸시의 감정이 즐거움과 뒤섞여 표현될 때 즐거움은 웃음으로 표현된다.

그는 비웃음이나 조롱을 구성하는 정신적 요소로 세 가지(증오, 즐거움, 공격성)를 꼽았다.

"비웃음이나 조롱은 증오와 뒤섞인 즐거움이라고 할 수 있다. 흔히 어떤 사람에게서 결함을 발견했을 때 그 결함으로 인해 일종의 증오를 느끼게 되는데, 이 증오가 묘한 만족감과 뒤섞이게 되면 비웃음의 형태로 표현될 수 있는 것이다. 우리는 어떤 사람의 결함을 보면 증오를 느끼지만, 그가 그 결함을 가질 만한 인물이라고 판단되면 만족감을 느낀다. 더구나 예상치 못한 상황에서 결함을 발견하게 되면 그 놀라움으로 인해 한층 더 강하게 웃음이 촉발된다. 이것이 바로

24) René Descartes, The Passions of the Soul, art. 124, "Laughter."

위에서 언급한 웃음의 본질이다.

그러나 이 결함은 사소한 것이어야 한다. 결함이 심각할수록 비웃음이 나올 가능성은 줄어드는데, 이는 그가 그러한 결함을 충분히 가질 만 하다고 믿기 어려운 까닭이다. 물론 성격이 매우 사악하거나 본래 혐오하고 있던 사람에 대해서라면 이야기가 달라지겠지만 말이다."[25]

웃음의 인과 관계에 대해 데카르트는 이론으로 정립한 바는 없지만 다음과 같은 견해를 피력했다. '웃음은 즐거움과 공격성이라는 양면을 동시에 가지고 있으며, 따라서 웃음의 대상은 저급하고 무가치한 것일 수 밖에 없다.' 이는 그리스와 로마 사상의 전통을 따른 견해로 보인다.

B) 스피노자

스피노자는 사랑과 기쁨처럼 웃음도 '순수한 즐거움'이며,[26] 지나치지만 않다면 사람의 신체와 정신에 매우 유익하다고 생각했다.

반면에 조롱, 시기, 멸시, 분노는 증오에서 비롯되었거나 증오를 초래하는 것들로, 사람에게 유해하다고 보았다. 그에 따르면, 웃음은

25) Ibid., article 178, "Mockery."
26) Baruch Spinoza, Ethics, part IV, proposition XLV.

인간이 경험하는 기쁨과 즐거움을 표현한다는 점에서 영혼의 힘과 존재의 성숙함을 보여주는 지표이며, '신성한 자연'이 인간의 모습 속에 개입하는 방법 중 하나이다.

"우리가 느끼는 기쁨이 크면 클수록 우리는 더욱 완전한 상태에 도달할 수 있다. 다시 말해서, 신성한 자연이 우리 인간의 모습 속에 더 분명하게 발현되는 것이다. 사물을 활용하고 그로부터 가능한 한 큰 즐거움을 얻는 것은 사람의 지혜에 달려 있다…"[27]

이와 같이 스피노자는 중세 기독교적 전통과 정면으로 맞서며 웃음과 즐거움은 모두 신성한 영역에 속해 있다고 주장했다.

C) 토마스 홉스, 『인간의 본성에 관하여』[28]

웃음 이론의 대가 중 한 사람인 토마스 홉스는 웃음을 유발하는 자의 우월감을 다룬 이론으로 특히 유명하다. 그는 생전에 웃음에 관한 흥미로운 주제를 광범위하게 다루었지만 훗날 학자들은 '웃음의 승리'를 다룬 한 가지 이론에만 집중했고, 그 결과 그의 다양한 연구 업적들이 제대로 평가받지 못했다. 그의 이론의 주요 내용은 다음과 같다.

27) Ibid., "Note."
28) Thomas Hobbes, On Human Nature, 11, 13.

우선 웃음은 즐거움을 표현하는 얼굴 표정으로, 하나의 특수한 감정표현이다.

그렇다면 웃음으로 발현되는 즐거움의 본질은 무엇이며 즐거움을 유발하는 원인에는 어떤 것들이 있을까?

이 질문에 대해 홉스는 다음과 같은 순서로 답한다.

- 새로운 것, 예상치 못한 것만이 웃음을 유발할 수 있다(훗날 칸트는 이 내용을 부분적으로 발전시켜 이론화하기도 했다).
- 따라서 남을 웃게 만드는 자와 그가 사용하는 우스움의 소재 사이에는 명백하게 불평등한 관계가 형성된다. 즉, 남을 웃게 만드는 자는 상대방이 예상하지 못하는 상황을 통제하는, 우등한 위치에 있으며 우스움의 소재는 바로 그의 통제를 받는, 불완전하고 열등한 자리에 놓이게 된다.

  "웃음이 표현하는 정념은, 유리한 위치를 선점한 사람이 상대적으로 불리한 위치에 있는 대상을 마주했을 때 느끼는 자만심이 갑작스럽게 표출된 결과일 뿐이라고 결론지을 수 있다."
- 이어서 홉스는 우월감과 연결된 조롱의 공격성을 설명하고, 조롱을 당해서 상처받은 사람들이 자연스럽게 표출하는 정당한 분노에 관해서도 이야기했다.

  "…사람들은 조롱을 당했을 때 매우 엄숙하게 화를 낸다. 이때 화를 내지 않고 유머와 개그를 통해 자신을 표현하려면 부조리나 결함을 활용해야 한다. 이러한 방법으로 그는 함께 있는 모든 사람이 자신의 유머에 동참하도록 할 수 있다."

- 남을 웃게 만드는 자의 상황 통제권, 우월감, 공격성 등 웃음에 관한 자신의 견해를 모두 소개한 후에 홉스는 데카르트와 스피노자가 그랬듯이 조롱과 조소가 윤리적으로 바르지 못한 것이라는 그의 생각을 밝혔다.

5. 18세기의 웃음 – 볼테르와 칸트

A) 볼테르, 『철학 사전』[29]

볼테르도 다른 사상가들처럼 웃음을 '즐거움'과 연결시켜 파악했으며, 즐거운 감정이 얼굴과 목소리의 변화를 통해 표현된 것으로 보았다. 하지만 그는 남을 웃게 만드는 자의 자기애적 우월감이라든가 웃음의 공격성을 전면적으로 부인했다. 그는 르네상스 인문주의자들의 견해 중 웃음의 긍정적 성격만을 받아들였다.

"인간은 웃기도 하고 울기도 하는 유일한 동물이다. 괴로운 일이 있을 때 우는 것과 마찬가지로 우리는 즐거운 일이 있어야 웃는다.

29) François Marie Arouet Voltaire, "Laughter, Philosophical Dictionary."

어떤 사상가들은 웃음이 오만에서 비롯된 것이며 자신이 우월하다고 믿을 때만 웃는다고 주장한다… 하지만 내가 보기에 사람은 즐거울 때 웃으며, 웃는 그 순간만큼은 다른 어떤 이질적인 감정도 느끼지 않는다."

B) 칸트

주지주의 이론(대비론)을 대표하는 사상가 중 한 사람인 칸트는『판단력 비판』[30]을 통해 개그와 웃음에 관한 정교하고 풍부한 이론을 발표함으로써 다시 한 번 그의 뛰어난 통찰력을 증명했다.

그는 먼저 다음 단어들 사이에 하나의 연상 체계를 확립했다. 아이디어 게임 또는 개그/신체의 에너지 상승/웃음/건강한 느낌 또는 신체의 건강, 즐거움(감각적 쾌락 또는 심리·감각적 쾌락) 등이 그것이다.

개그와 우스운 성격, 정신표현 작용은 즐거움을 느끼게 하는 동시에 신체적 에너지를 생성하고 건강한 느낌을 증대시킨다. 웃음을 터뜨리는 것은 정신적 쾌락과 육체적 쾌락을 동시에 경험하도록 하기 때문에 인간의 여러 표현 방법 중에서 매우 큰 중요성을 갖는다.

하지만 도대체 어떻게 이 정신표현 작용이 육체적 활동에 개입한다는 말인가? 칸트는 정신과 육체가 상호 조화를 이루어 시너지

---

30) Immanuel Kant, Critique of Judgement, §54, "Remark."

효과를 일으킨다고 주장한다. 육체적 활동은 (내장 운동의 수준에서) 정신 표현 작용을 흉내 내는 것이 아닐까? 개그의 형태로 나타나는 생각의 작용은, 부조리한 것과 예기치 못한 것을 지각했을 때 일어나는 정신 작용의 갑작스러운 변화를 뜻한다.

정신은 잔뜩 긴장한 가운데 특정한 무엇을 예상하고 있었는데 갑자기 누군가가 그 예상을 뒤집고 전혀 다른, 부조리한 것을 제시한다면 무슨 일이 벌어질까? 이때 잔뜩 긴장했던 정신은 순식간에 이완된다. 곧이어 이러한 변화는 신체에도 영향을 미친다.

"개그를 할 때 일어나는 생각의 작용은 몸에도 변화를 일으킨다. 우리의 정신이 예상했던 일이 일어나지 않을 때 정신은 갑자기 긴장을 풀게 되고 이와 같이 갑작스러운 긴장 완화가 육체에 영향을 미친다. 우리 몸 속의 장기는 이 움직임을 진동으로 느낀다. 이는 장기들의 균형을 회복시키는 기능을 하여 건강에 좋은 영향을 미친다. 명랑하게 웃으려면 어떤 부조리한 요소가 필요하다(이것을 지적으로 이해하는 것은 즐거움과 크게 상관이 없다). 웃음은 당연한 것으로 예상했던 무언가가 갑자기 사라져버린 데서 느껴지는 감정의 변화에서 초래된다…"[31]

요약하면, 칸트는 인문주의자들이 주장했던 웃음의 긍정적인 면

31) Ibid.

을 적극 수용했을 뿐 아니라 더 나아가 건강 증진에 실질적인 도움을 주는 웃음의 치료적 기능을 강조했다.

6. 19세기의 웃음 – 쇼펜하우어, 스펜서, 베인

A) 아르투르 쇼펜하우어[32)]

쇼펜하우어 역시 주지주의 이론을 대표하는 사상가 중 한 사람이며, 그 역시 웃음과 우스운 것이라는 주제에 각별한 관심을 가졌다. 그에 따르면, 웃음은 인간만이 가지고 있는 특징이며 말로는 전달할 수 없는 즐거운 상태를 표현해주는 행위이다. 그는 강한 확신으로 하나의 이론을 제시했는데, 그것이 다름 아닌 '부조화 이론'이다.

직관적인 이해와 관념적인 이해 사이에서, 또는 개념과 그 개념이 가리키는 실제 사이에서 갑작스럽게 상식에 어긋나거나 모순이 발생할 때 우리는 우스워하고 때로는 우스꽝스럽다고 여긴다.

"어떤 개념과 그 개념의 대상 실제 사이에서 갑작스러운 부조리를 발견할 때 우리는 웃는다. 그 개념이 대상 실제와 일반적으로 강한 결속 관계에 있을수록 그 관계를 일시에 무효화시키는 부조화의

32) Arthur Schopenhauer, The World as Will and Representation, I, 13.

위력은 커진다. 그럴수록 더 큰 폭발력으로 웃음을 유발한다."

"따라서 말로든 행동으로든 예상치 못한 방법으로 결속 관계의 모순이 드러날 때 웃음은 촉발된다. 이것이 웃음에 대한 합당한 설명이다."

요약하면, 웃음은 어떤 개념과 그 개념이 가리키는 대상 실제 사이에, 그리고 관념과 직관 사이에 갑작스러운 부조화가 발생할 때 촉발된다는 것이 그의 주장이다.

B) 허버트 스펜서

『웃음의 생리학』[33]의 저자 스펜서는 즐거움의 감정과 갑작스러운 부조화 사이의 상관 관계를 파악하는 데 많은 관심을 기울였다. 그에 따르면, 어떤 일이 당연히 일어날 것으로 예상할 때의 긴장감과 갑작스러운 부조화로 인해 예상이 어긋나는 상황이 웃음을 유발한다. 이때 웃음은 신체적 쾌감, 정신적 쾌감과 함께 매우 독특한 안면·음성 표현으로 나타난다. 이를 입증하기 위해 스펜서는 생리학 지식을 활용했다.

그는 우선, 어떤 상황에서 매우 강렬한 감정을 유발하는 정신적

---

33) Herbert Spencer, Essays: Scientific, Political, and Speculative, III. "The Physiology of Laughter."

긴장 상태(신경이 팽팽한 상태)는 일반적으로 다음 세 가지 중 하나 혹은 두 개의 통로로 긴장감을 해소시키려 한다는 전제를 세웠다. 즉, 긴장 상태를 완화시켜 정신적 균형 상태를 되찾으려는 목적으로 정신 상태의 변화, 신체 운동, 내장 기관의 운동 중 한 가지 혹은 두 가지 경로를 통해 긴장 해소를 꾀한다는 것이다.

이러한 관점에서 볼 때, 웃음의 정신·생리란 무엇을 말하는 것일까? 웃음은 긴장된 정신 상태가 좀 더 이완된 정신 상태로 가는 중간 통로라고 할 수 있다. 다시 말해서 '한 정신 상태가 빠른 시간 안에 정반대의 정신 상태로 이행하는 과정'에서 초래될 수 있는 과도한 흥분을 가라앉히는 기능을 수행하는 것이다.[34] 스펜서의 표현을 보자.

"큰 과제에 매달려 있던 인간의 의식이 어느 순간 해방되어 작은 과제를 수행하게 될 때 그 과정에서 자연스럽게 웃음이 촉발된다. '긴장을 완화시키는 부조화'라고 부르는 상황이 바로 여기에 해당한다."[35]

반면에 '긴장을 고조시키는 부조화'의 경우에는 웃음이 촉발되지 않는다.

스펜서는 긴장 완화의 부조화가 발생할 때 우리의 정신적 흥분

34) Ibid.
35) Ibid.

상태는 다른 무엇보다 근육의 움직임을 통해 흥분을 해소하려는 경향이 강하다고 덧붙였다. 이것이 바로 웃음에서 관찰되는 현상이다. 사람이 웃을 때, 얼굴의 근육과 성대의 근육은 특수하게 움직이며 자율신경계 또한 특수한 움직임을 보인다. 이는 명백한 신체 반응이다.

정신생리 이론의 한 예를 보면서 결론을 내려보자.

"프랑코니 서커스에서 곡예사가 말을 갈아타며 아주 위험한 묘기를 선보이고 있었다. 그 곡예 기술이 부러웠던 한 어릿광대가 곡예사와 같은 점프를 하기 위해 여러 번 연습을 했다. 점프를 하다가 말 위로 착지하지 못하면, 말의 궁둥이에서 먼지를 털어내는 척 가식적인 행동을 했다. 이때 관중석에서는 한바탕 유쾌한 웃음이 터져 나왔다."[36]

이 이야기는 칸트의 이론에 적용해도 무리가 없는데, '극도의 기대감이 일순간 사라지는 것'이라고 표현한 현상에 딱 들어맞는 사례가 아닐 수 없다.

36) Ibid.

C) 알렉산더 베인

베인의 이론은 홉스, 쇼펜하우어, 스펜서의 이론을 모두 통합하고 있다는 점에서 매우 흥미롭다. 베인은 자신의 저서 『감정과 의지』에서 아주 특이한 목록을 이용해 웃음을 유발하는 요인들을 정리했는데, 목록은 신체적 요인과 정신적 요인으로 분류되어 있다.[37]

그는 먼저 부조화 이론을 검토한 후 이 이론이 웃음을 설명하기에는 불충분하며 그 적용 범위 또한 너무 제한적이라는 결론을 내렸다. 남을 웃게 만드는 자의 우월감과 웃음 소재의 저급함에 관한 이론 역시 설득력이 떨어진다고 보았다. 도대체 무슨 근거로 타인에게서 발견하는 추함과 결함을 웃을 만하다고 주장하는 것인가?[38]

결국 그는 홉스와 쇼펜하우어의 이론에서 웃음의 심리적 요소(정서 및 인지적 요소)들을 가져오고 스펜서의 '긴장 완화의 부조화' 이론에서 정신·생리적 요소들을 취하여 이론을 정립했다. 즉, 어떤 사람 혹은 사물이 평소에 권위와 품위를 지니고 있어서 흔히 사람들이 존경과 엄숙함을 표한다고 가정해보자. 어느 순간 이 사람 또는 사물이 갑작스럽게, 그러나 심각하지 않게 그 권위와 품위를 잃어버리는 상황이 발생할 때 우스움을 유발한다는 것이 베인 이론의 핵심이다.

---

37) Alexander Bain, The Emotions and the Will, London: John W. Parker and Son, 1859, §37 "The Ludicrous. Causes of Laughter."

38) Ibid., §38 "All incongruity is not ludicrous."

권위에 의해 존경이 강요될 때 이는 필연적으로 정신적 긴장 상태를 초래한다. 어느 순간 긴장 완화의 부조화가 발생하여 순간적으로 권위가 사라지게 되면 인간의 정신·생리는 긴장감을 해소시킬 통로를 찾는다. 이것은 일종의 '엄숙함에서 해방되는 경험'이다.

"'웃음을 유발하는 장치'는 일반적으로 고귀한 가치를 지속적으로 가지고 있는 어떤 사람이 그다지 심각하지 않은 상황에서 단번에 고귀함을 잃어버리게 만드는 것이다. 이제부터 우리는 이러한 현상을 엄숙함으로부터의 해방, 또는 웃음을 유발하는 가치 저하로 설명하도록 하자."

"이러한 관점에서 개그는 진지함에 대한 반작용에서 출발한다. 사물의 위엄과 중후한 속성은 우리에게 특별히 엄숙한 태도를 요구한다. 어느 순간 이 엄숙한 태도에서 해방될 때 우리는 상대적인 환희를 느끼게 되는 것이다."

그는 또 이렇게 추가적인 설명을 덧붙였다.

"엄숙함을 강요당하는 상황에서 갑작스럽게 가볍고 저속한 무엇이 튀어나왔을 때 우리는 이전까지 유지되어온 엄숙함에 대한 반작용으로 과장된 해방감과 기쁨을 느끼게 된다."[39]

---

39) Alexander Bain, The Emotions and the Will, London: John W. Parker and Son, 39 "The Comic is the rebound from the serious."

7. 앙리 베르그송

베르그송은 『웃음Le Rire』[40]에서 사회·문화적 삶에서 나타나는 개그에 관한 종합적 이론을 제시했다. 개그를 설명하기 위해 그는 먼저 개그의 기술을 소개하고, 이것을 일종의 원리로 체계화하는 작업을 했다. 그는 형태의 개그, 몸짓, 태도, 상황, 말, 캐릭터 차원의 개그를 차례대로 언급하며[41] 구체적인 사례를 소개했는데, 이는 나중에 코미디 분야에서 활용되기도 했다.

개그를 설명하는 몇몇 대목을 인용해보자.

"남자들이 모인 집단에서 모든 구성원이 단 한 명을 지나치게 의식한 나머지 자신들의 감수성을 자유롭게 표현하지 못하고 단지 지성인으로서만 행동하는 상황을 가정해보자. 개그는 바로 이런 상황에서 촉발될 수 있다. 웃음이 폭발했을 때 그들이 더 이상 누구를 의식하며 눈치를 보겠는가? 여기에서 지성이 무슨 기능을 할 수 있겠는가?[42]

"기계적이고 엄숙한 분위기에서 인간은 본능적으로 긴장을 완화시킬 통로를 찾고 유연성과 활기를 기대한다."[43]

---

40) Henri Bergson, Laughter: An Essay on the Meaning of the Comic, London: Macmillan, 1911 (authorized translated revised by the author).

41) Ibid., Chapter Ⅲ, "The Comic in Character," I.

42) Ibid., Chapter I, "The Comic in General," I.

43) Ibid., Chapter II.

"살아 있는 생명체는 다음 세 가지 지속성에 따라 움직인다. 변조가 가능한 지속성, 불가역적인 진행, 절대적인 단일성 등이 그것이다.[44]

"정반대의 속성이 있는 것이 바로 개그다. 개그의 형성 과정에는 반복, 역전, 단일한 움직임 사이에 개입하는 이질성 등이 나타난다. 한편 이 요소들은 인간의 삶을 구성하는 원리들이기도 하다."[45]

"몸이 기계처럼 움직일 때 규칙성을 띠는 태도, 몸짓, 몸의 움직임 등은 웃음을 유발할 잠재성을 가지고 있다."[46]

"어떤 사람의 성격을 하나의 캐릭터로 만들 수 있다면 모든 캐릭터는 개그의 대상이 될 수 있다. 캐릭터 역시 규칙성과 일관성이 있다."[47]

베르그송은 개그를 정의한 후에 개그의 대상이 반사회적 특성을 지니고 있다고 주장했다. 그에 따르면, 개그는 폭력적인 제스처의 형식을 빌어 반사회적인 대상에게 심의와 규제를 가함으로써 윤리 기준을 준수하도록 하는 역할을 한다.[48]

즉, 그는 사회에 잘 적응하지 못하고 융통성이 결여된 주체, 기계

44) Ibid. Chapter II, "The Comic Element in Situations and the Comic Element in Words," I.
45) Ibid.
46) Ibid., Chapter I, "The Comic in General," IV.
47) Ibid., Chapter III, "The Comic in Character," I.
48) Ibid.

적으로 움직이는 주체는 개그의 대상이 된다고 보았다.

웃음은 상징적인 사회 규제로서 반사회적 행동을 억제하거나 그런 행동의 재발을 방지하는 역할을 한다. 이러한 방법으로 웃음은 한 사회의 효과적인 감독 시스템으로서 작동한다.

"반사회적 성격은 개그의 대상이 되며, 여기서 웃음은 반사회적 행동을 규제하는 수단이 된다."[49]

웃음과 우스운 것에 대한 이러한 담론은 다음 세대에 정립되는 새로운 이론의 토대가 되었다. 이 새로운 이론에 관해서는 웃음의 사회와 문화적 측면을 다룬 4장에서 자세히 살펴보기로 하겠다.

8. 고전이 된 웃음 이론

A) 이쯤에서 정리해야 할 몇 가지 사실

지금까지 우리는 적지 않은 웃음 이론들을 살펴보았다. 이쯤에서 다음 몇 가지 사실을 정리해야 할 필요가 있다. 웃음을 연구하는 사상가들이 모두 같은 물음, 같은 주제를 다루고 있지 않기 때문에 따로

49) Ibid., Chapter I, "The Comic in General," II.

정리해야 할 필요가 있는 것이다. 가령, 웃음이란 무엇인가를 묻는 이들이 있는가 하면 웃음의 방식을 묻는 이들이 있다. 이런 식으로 다음과 같은 물음들이 산발적으로 나타난다. 누가 웃는가? 왜 웃는가? 무엇을 우스워하는가? 누구와 함께 웃는가? 언제, 어디서 웃는가? 웃음과 우스운 것의 개인적 기능과 사회적 기능에는 어떤 것들이 있는가?

또한, 같은 물음에서 출발했다 하더라도 사상가에 따라 이론의 질적 차이가 확연히 나타나는 것도 곤란한 점이다.

마지막으로, 철학자들과 문인들의 사유는 이론적 차원에만 머무르지 않고 자주 긍정적이거나 부정적인 가치 판단에까지 이른다.

하지만 다수에게서 공통적으로 나타나는 이론적 견해를 말하자면, 대부분의 사상가들이 웃음을 기쁨 및 즐거움의 감정과 연결시키고, 웃음을 바로 이 긍정적인 감정 상태에서만 발현되는 특수한 안면-음성 표현으로 정의한다(플라톤, 키케로, 퀸틸리아누스, 라블레, 데카르트, 스피노자, 홉스, 볼테르, 칸트, 쇼펜하우어, 베인). 또한 이들은 공통적으로 이성을 인간 고유의 것으로 보는 것처럼 웃음도 인간 고유의 특성으로 보았다.

그러나 가치 판단에 있어서는 '웃음 옹호론자'로 불리는 그룹과 '웃음 지탄론자'로 불리는 그룹으로 나누어볼 수 있다.

• 먼저 '웃음 옹호론자' 그룹에는 웃음을 하나의 효과적인 무기로

보는 로마 시대 사상가들, 웃음의 치료 효과를 주장한 르네상스 인문주의 사상가 라블레, 웃음과 조롱을 구별하여 웃음을 신성한 것으로 보는 스피노자, 웃음의 생리적 선기능에 주목한 볼테르와 칸트, 사회적 선기능을 주장한 베르그송 등이 있다.

- '웃음 지탄론자' 그룹에 속한 대부분의 사상가들은 웃음의 폭력성과 비웃음의 가학성을 강하게 비판했다. 플라톤은 웃음을 유발하는 자들이 자기 통제를 상실한다는 점을 근거로 웃음을 인간 사회가 배척해야 할 저급한 행위, 위험한 행위로 여겼다. 기독교 사제들, 데카르트, 홉스도 웃음을 부정한 것으로 보았다.

이제, 웃음의 고전이 된 이론들의 내용을 요약해보자.

B) 주요 고전 이론

- 웃음 이론은 다음 네 가지로 나뉘는데, 이들은 모두 '인간은 왜 웃는가'라는 물음에 대한 답을 찾고자 했다.

  – 우월감 이론과 웃음 대상의 저급함을 주장한 이론(윤리적 이론 또는 비관주의 이론으로 불린다).
  – 주지주의 이론(대조 이론 또는 부조화 이론)
  – 정신·생리 이론 또는 배출 이론
  – 베르그송 이론(사회 이론)

a) 우월감 이론은 그리스 철학자(플라톤, 아리스토텔레스), 로마 철학자(키케로, 퀸틸리아누스), 데카르트, 홉스, 베인 등이 주장했으며, 베르그송 이론과도 통하는 부분이 있다.

남을 웃게 하는 자는 웃음의 대상이 되는 사람의 가치를 떨어뜨림으로써 그 앞에서 우월감을 누리며 그 우월감을 표현한다. 타인에게서 발견하는 신체적·정신적 결함, 사회적 결함은 모두 개그의 대상이 될 수 있다.

b) 대비 이론 또는 부조화 이론(주지주의 이론)은 칸트와 쇼펜하우어가 처음 주장했는데, 홉스, 스펜서, 베인도 이에 동의했다.

어떤 사람이나 사물의 모습에서 갑작스럽게 관념과 실제의 부조화, 모순을 발견할 때 사람들은 웃음을 터뜨린다.

칸트는 특별히 부조리와 웃음의 관계를 비중 있게 다루었다. 인간 의식이 전혀 예상치 못했던 상황이 갑작스럽게 벌어지면서, 기대했던 내용과 현실 사이에 모순이 발생한다고 설명했다.

웃음이 생성하는 에너지가 신체 활동에 미치는 영향에 관해서는 다시 설명할 필요가 없을 것이다.

c) 스펜서의 정신·생리 이론 또는 배출 이론에 의하면, 잔뜩 긴장한 정신 상태가 긴장이 이완된 상태로 빠르게 이동하는 과정에서 웃음이 발생한다. 정신이 고도로 긴장한 상태에서 막혀 있던 에너지가 갑

자기 배출되면서 과도한 양이 한꺼번에 쏟아져 나오게 되는데, 이 에너지가 웃음 현상을 통해 얼굴 근육과 내장 근육 등을 움직이게 만든다.

베인도 배출 이론의 타당성을 인정했지만 스펜서가 미처 생각지 못한 문제를 지적했다. 즉, 스펜서는 즐거움이 웃음에 미치는 영향을 충분히 검토하지 않았고 에너지가 배출되는 통로의 특수성에 관한 설명도 부족하다는 것이다.

그러나 스펜서는 최초로 웃음을 '항상성' 유지 기능을 하는 배출의 통로로 보았다는 점에서 높이 평가받고 있으며, 훗날 프로이트가 웃음의 경제 이론에서 스펜서를 참고하기도 했다.[50]

d) 베르그송 이론은 고대 사상가들과 홉스가 말한 반사회성과 사회 부적응을 상기시키며, 우월감 이론과도 맥을 같이 한다.

그러나 그는 웃음이 반사회적 성격을 심의, 감독하는 긍정적인 기능을 한다고 보았다. 그에 따르면, 웃음은 모든 사회의 사회·문화적 환경에서 규범에 어긋나는 행동들을 감독하는 하나의 시스템으로 작동한다.

각각의 이론은 웃음의 여러 측면들 중 적어도 하나를 설명하고

50) Sigmund Freud, Jokes and their Relation to the Unconscious, London: Routledge and Kegan Paul, 1960, pp.

있다. 그러나 모든 이론의 공통점은 웃음과 즐거운 감정을 연결시킨다는 점이다.

웃음은 즐거운 감정을 표현하는 수단 중 하나다. 하지만 모든 종류의 웃음이 다 그런 것은 아니다. 유쾌한 웃음과 조롱의 웃음은 반드시 구별되어야 한다. 라틴어에는 웃음을 뜻하는 단어로 리수스risus라는 하나의 단어가 있는 반면, 성경에는 사하크(sahaq, 긍정적인 즐거운 웃음)와 라하크(lahaq, 조소)라는 두 가지 단어가 등장한다. 고대 그리스에서는 웃음을 겔란gelan으로, 조소를 카타겔란katagelan으로 각각 다르게 불렀다.

일부 사상가들이 폭력적이고 가학적이라고 비난했던 웃음은 즐거운 웃음이 아니라 조소와 조롱의 웃음이다. 예를 들어, 우월감 이론은 사회 관계망 내에서 웃음이 어떤 폭력성과 나르시시즘을 드러내는지 잘 보여준다.

대조 이론/부조화 이론은 웃음의 인지적 차원을 설명하면서 웃음이 하나의 인지 원리로서 작용한다는 사실을 밝혔다.

배출 이론의 경우, 웃음의 정신·생리적 특징에 관한 자세한 설명을 제공했다.

마지막으로, 고대 사상가들(플라톤, 아리스토텔레스, 키케로, 퀸틸리아누스)의 이론과 베르그송의 이론은 사회적 차원에서 웃음을 고찰했다. 웃음의 사회·문화적 맥락을 중요하게 다루며 여러 가지 사회적 기능을 논했는데, 그 중에서도 사회적 일탈 및 반사회적 행동에 대한 상징적인 규제 기능을 중요하게 다루며 웃음이 '사회 통제' 장치로서 작용한다는 사실을 강하게 주장했다.

이 모든 이론은 서로 모순된 주장을 하고 있는 것이 아니라 완벽하게 상호 보완적인 관계에 있다. 따라서 이 이론들을 한데 모아 검토하는 것은, 웃음의 복잡한 성격을 파악하여 그 신비를 발견하는 데 큰 도움을 준다.

1장의 결론을 대신하여, 성경의 창세기에 나오는 이야기를 함께 묵상해보자.[51)]

• 창세기 17장

15절 : 하나님이 아브라함에 이르기를 "너의 아내 '사래'는 이름을 사래라 하지 말고 '사라'라 하여라.

16절 : 나는 그녀를 축복할 것이니라. 실제로 나는 너에게 그녀를 통해 아들을 한 명 줄 것이니라. 그녀가 열국의 어미가 되어 그녀로부터 민족의 열왕이 날지니라."

17절 : 아브라함은 크게 웃으면서 자신에게 말하기를 "내 나이가 100살이나 되고 '사라'의 나이가 90이나 되었는데 어찌 아이

51) "Genesis," Tanakh, A New Translation of the Holy Scriptures According to the Traditional Hebrew Text, Jerusalem: The Jewish Publication Society.

를 가질 수 있단 말인가?"

18절 : 그래서 아브라함이 하나님에게 고하기를 "하나님의 가호로 '이스마엘'은 살 수 있습니다!"

19절 : 하나님께서 이르기를 "그럼에도 불구하고 너의 아내 '사라'는 너의 아이를 가지게 될 것이며, 또한 너는 그를 '이삭'이라 부르게 될 것이니라. 그리고 나는 그에게 한 언약을 자손대대로 영원이 지킬 것이니라…."

21절 : "이삭으로 내 언약이 지켜질 것이며, 너에게 이르노니 사라는 이듬해 이 시기에 아들을 가질 것이니라."

22절 : 하나님은 아브라함과 이야기를 마치자, 아브라함을 떠났다….

• 창세기 18장

11절 : 바야흐로 세월이 흘러 아브라함과 사라는 나이가 들었으며, 사라는 여성으로서 기능이 다했다.

12절 : 그래서 사라는 웃으면서 스스로에게 말하기를 "나는 이제 늙었고 남편도 늙었는데 아이를 잉태할 수 있을까?"

13절 : 그러자 하나님이 아브라함에게 이르기를 "사라는 왜 웃었느냐? '이렇게 늙었는데 어떻게 아이를 잉태할 수 있느냐'고 말했느냐."

14절 : "나 여호와가 능치 못할 일이 있겠느냐? 이듬해 이맘때 너에게 다시 돌아올 것이며, 사라는 아이를 잉태하게 될 것이니라."

15절 : 사라는 거짓말을 했다. "나는 웃지 않았습니다"하면서 두려
워했다. 그러자 하나님은 "너는 웃었느니라"하고 대답하셨다.

• 창세기 21장

1절 : 주님께서는 말씀하신 대로 사라를 돌보셨다. 주님께서 말씀하
신 대로 사라에게 해주시니,

2절 : 사라가 임신하여, 하나님께서 아브라함에게 일러주신 바로 그
때에 늙은 아브라함에게 아들을 낳게 해주셨다.

3절 : 아브라함은 사라가 낳은 아이를 이삭이라 했다.

4절 : 아브라함은 하나님께서 자신에게 이르신 대로, 이삭이 태어난
지 여드레 만에 할례를 베풀었다.

5절 : 아들 이삭이 태어났을 때, 아브라함의 나이는 100살이었다.

6절 : 사라가 말했다. "하나님께서 나에게 웃음을 가져다 주셨구나.
이 소식을 듣는 이마다 나한테 기쁘게 웃어주겠지?"

7절 : 그리고 또 말했다. "사라가 자식들에게 젖을 먹인다고 누가 감
히 아브라함에게 말할 수 있었으랴? 그렇지만 늙은 그에게 내
가 아이를 낳아주지 않았는가?"

II

'웃음'에 관한 풍속학적 고찰

1. 서론

찰스 다윈은 "웃음은 행복 또는 기쁨의 가장 원초적인 표현임이 분명하다" 라고 말한 적이 있다.[52)]

다윈과 마찬가지로 대부분의 심리학자들과 행동학자들은 웃음을 안면에 나타나는 감정표현의 범주에서 특별히 기쁨과 연결된 것으로 보는 데 동의한다. 우드워스와 슐로스버그[53)] 이래로 기본적인 안면 감정표현의 범주에는 기쁨 외에도 슬픔, 공포, 혐오, 분노, 놀라움이 포함된다.

대부분의 학자들은 모든 안면 감정표현이 그러하듯 웃음도 인류 보편적인 것이며, 종의 진화(계통발생)를 연구하는 과정에서 최근 밝혀진 '유전적으로 결정되는 중추운동 프로그램(이레노이스 아이블-아이베스펠트, 인간행동학자, 1928~)[54)] 중 하나라는 이론을 따르고 있다. 즉, 본능적 행동이나 계통분류학적 적응과 관계가 있는 것으로 생각하는

---

52) Charles Darwin, "Joy, High Spirits, Love, Tender Feelings, Devotion," The Expression of the Emotions in Man and Animals, Oxford : Oxford University Press, 1998, Chapter VIII, p. 195.

53) Robert Sessions Woodworth and Harold Schlosberg, Experimental Psychology, New York: Holt, Rinehart and Winston, 2nd edition,1954.

54) Irenäus Eibl-Eibesfeldt, Der vorprogrammierte Mensch: Das Ererbte als bestimmender Faktor im mesnchlichen Verhalten, Vienna: Fritz Molden Verlag, 1973.

것이다.

미국 심리학계의 권위자인 폴 에크만(1934~)[55]은 감정표현에 관해 다음과 같이 말했다.

"특정 감정과 그에 해당하는 안면근육 움직임을 연결하는 중추신경계 수준의 프로그램이 존재한다고 가정하면 감정을 유발하는 조건, 즉 프로그램을 활성화시키는 조건은 다양한 문화적, 사회적 학습 경험에 의해 결정된다고 생각할 수 있다. 그러나 감정표현 원리가 인류의 보편적인 것이고 일반적으로 오류를 일으키지 않는 한, 감정과 연결된 근육 움직임은 프로그램에 의해 결정되고 조절된다고 보아야 할 것이다."

또한 웃음을 본능적인 중추신경계의 운동으로 이해하는 것만큼이나 우리에게 중요한 것은 비언어적 의사소통 방식으로 접근하는 것이다. 특유의 얼굴 표정으로 의사를 전달하는 시각적 표현과 음성으로 의사를 전달하는 청각적 표현, 이렇게 두 가지 유형의 소통을 가능케 하는 수단으로서 웃음을 분석하는 것은 매우 중요하다. 인간은 다른 사람들에게 정서적 메시지(기쁨과 즐거움뿐 아니라 공격성, 불안 등)를 전달하기 위해 안면을 사용(안면 감정표현 시스템)하는데, 그 중 하나

55) Paul Ekman, "L'expression des emotions," La Recherche 117, 1980, pp. 1408-15.

의 방식이 웃음이다. 웃음은 모든 주체가 자신의 '정신과 행동'의 균형을 맞추기 위해 사용하는 많은 수단 가운데 하나다(자크 코스니에의 정신 및 행동의 항상성).[56)]

56) Jacques Cosnier, J. Coulon, A. Berrendonner and C. Orecchioni, Les voies du langage. Communications verbales, gestuelles et animales, Paris: Dunod, 1982.

2. 웃음의 현상학

1. 운동 패턴

웃음은 '기본 운동 패턴'(유전적 계통발생 유산)을 따른다. 이것은 인류 보편적 특징인 동시에 개인의 스타일에 따라 변화(상황을 자극하는 측면에서 대상자의 심리, 정서적 상태, 사회적 배경)를 보인다. 변화의 요인으로는 사회적 성격, 민족적 성격, 어린 시절 사회화 과정에서 체득된 습관 등이 있다.

운동 패턴은 다음과 같이 세 가지 매개변수로 나누어 살펴볼 수 있는데, 그 중 두 가지가 웃음의 결정적인 차이를 만들어낸다.

- **안면 운동** (다윈이 기술한 내용으로, 오늘날에도 여전히 유효하다)[57)]
  - 입을 약간 벌리고, 윗니와 아랫니를 드러낸다.
  - 입가가 양쪽으로 길게 당겨지고, 윗입술이 살짝 올라가며 가운데가 처진다.

57) Op. cit., Darwin, pp. 203-05.

– 광대뼈 부위가 약간 올라가서 턱 부위에 움직임이 일어난다.

– 양쪽 콧구멍 날개에서 입가로 이어지는 비순 주름이 생긴다.

– 아래 눈꺼풀과 눈 주변에 굵은 주름이 생긴다(눈가 주름).

– 눈이 반짝이며 빛난다.

– 눈썹이 올라간다.

• **발성**(M. 르코크와 S. 보쿠르의 이론)[58]

웃음은 숨을 내쉬는 과정에서 발생한다. 이때 발성은 연속적으로 다른 모음의 소리를 낼 수 있다. 웃는 주체는 웃는 과정에서 특정 모음에서 다른 모음으로 소리를 변화시킬 수 있다.

우리가 관찰한 바에 따르면, 웃는 주체는 웃음의 의미에 따라 독특한 모음을 발성한다. 또한 특정 모음의 발성은 주체의 심리와 정서적 경험, 상호 작용하는 웃음 상황에 의해 결정될 수도 있다.

프랑스어 모음 'A'는 기쁨이 넘치고 자아 도취된 승리의 웃음을 시사하는 반면에 'O'는 기뻐서 놀라는 것과 예상 밖의 일, 갑작스러운 모순에 의해 유발되는 웃음을 시사한다. 어린이들의 'I'와 성인들의 'É'는 조소와 관련된 것으로, 어느 정도 절제된 즐거움 또는 짓궂은 즐거움을 나타낸다.

M. 르코크와 S. 보쿠르에 따르면 웃음의 발성은 반복적·연속

58) M. Lecoq, S. Beaucourt, E. J. V. Smadja, La voix et le rire, Cahiers d'ORL, Journées de Montpellier, June 1991.

적·불규칙적이며, 그 멜로디는 변화가 많고 불안정하며 예상할 수 없다는 특징이 있다. 웃음은 중간 정도의 음역과 높은 음역대의 소리를 낸다. 웃음이 크고 요란할수록 기본적인 주파수가 더 날카로워진다. 이처럼 강도는 변화하지만 음색은 개인화되어 있기 때문에 한 사람의 웃음은 비교적 일관성이 있다.

• 웃을 때의 몸짓이나 자세는 다양한데, 개인의 성격, 웃음 상황의 성격, 사회문화적 맥락에 따라 다르게 나타난다.

2. 웃음 유형학(반 호프, 블러턴 존스[59]의 연구와 에릭 스마자의 견해)

– 소리 없는 웃음, 즉 미소에는 두 종류의 웃음이 있다.
  • 어린이에게서 나타나는 웃음이다. 미소를 짓는 어린이는 입을 크게 벌리고 윗니와 아랫니를 드러낸다.
  • '코웃음'이다. 보통 소리를 내지 않고 입을 약간 벌린다. 경련이 일어나듯 입가를 움직이며 코로 숨을 내쉰다.

– '내부 발성'에 의해 웃을 때 우리는 그 소리를 외부로 드러내지 않고 입을 벌리지 않는다. 몸짓이나 자세의 변화가 없는 상태에서 코로 살짝 숨을 내쉬며 웃는다.

59) Nicholas Blurton Jones (ed.), Ethological Studies of Child Behaviour, Cambridge: Cambridge University Press, 1972.

- 소리를 내며 미소 지을 때 우리는 입을 약간 벌리고, 입가를 살짝 당기며 작은 소리를 낸다.
- 중간 강도의 웃음을 웃을 때 우리는 입을 약간 벌리고, 입술 언저리를 뒤로 당기며, 치아를 드러내고 소리를 낸다. 웃을 때 머리가 뒤로 젖혀진다.
- '폭발적인' 웃음 또는 입을 크게 벌리고 웃는 웃음은 놀이를 하는 어린이들에게서 가장 자주 관찰된다. 이렇게 웃을 때, 어린이는 입을 크게 벌리고 입술 언저리를 뒤로 당긴다. '요란한' 소리를 내며 머리를 뒤로 젖히고, 놀이를 하는 상대방과 눈을 맞추지 않는다.
- '발작적 웃음'은 격렬하고 폭발적인 웃음으로, 위에서 설명한 모든 특징을 포함하면서도 무엇보다 지속적이다. 주체가 제어할 수 없는 웃음을 말한다.

3. 웃음의 개체발생 이론

1. 웃음의 개체발생의 문제점

웃음의 개체발생은 본능적 행동 발달에 대한 문제, 즉 이중(내부 및 외부) 결정론에 의해 주체성이 발현되는 시기에 행동 차원에서 '완벽하고 완전하게' 자신을 표현하도록 유전적으로 프로그램된 본능적 행동발달(동물 행동학자들의 계통발생적 적응론)에 대한 문제를 제기한다.

이 문제에 접근하기 위해서는 다음 두 가지 범주의 행동발달 특징을 고려해야 한다.

- 행동 구조 또는 운동 패턴
- 이중(내적 및 외적) 결정론 : 내적 요인은 신경학적 요소와 인지 및 심리·정서적 요소를 포함한다. 외적 요인은 웃음이 나오게 하는 외부 자극을 말한다.

또한 위에서 인용한 두 범주의 진화 과정에서 성숙 요인과 경험 요인의 역할과 중요성도 함께 검토해야 할 것이다.

2. '기초적인' 행동 양식

인간이 태어난 후 첫 웃음이 발생하기 위한 전제조건은 대뇌, 감각신경, 신경근육이라는 세 축이 충분히 성숙하는 것이다.

- 일반적으로 대뇌 성숙은 미리 결정되어 있는 '중추운동 프로그램'을 배치해 실행할 수 있는 신경구조를 특정 수준까지 성장시켜 분화하는 것을 전제로 한다. '중추운동 프로그램'은 신경전달물질 순환에 의해 중재된 전기적 자극과 화학적 정보 내에서 몇 가지 신경집단을 판단하고 범위를 정해 신경회로를 연결한다.
- 어린이의 신경감각(특히 시각, 청각, 촉각)은 매우 이른 시기부터 기능하기 시작한다.
- 헤리엇 오스터와 폴 에크먼[60]은 신경근육 차원에서 안면 근육은 태어날 때부터 완전하게 기능하기 때문에 어린이들도 성인들과 유사하게 안면 표현을 할 수 있다고 설명한다.[61]

운동 능력의 발달은 이미 출생 전부터 시작되어 출생 직후부터 급격하게 성숙하며, 따라서 이 시기에 벌써 다양한 운동 패턴이 나타

60) Paul Ekman and Harriet Oster, "Facial Expressions of Emotion," Annual Review of Psychology 30, 1979, pp. 527-54.

61) Ibid.

난다. 그 형태는 거의 진화하지 않지만, 어린이는 신체 움직임을 터득하면서 자신이 속한 사회·문화적 집단을 반영하는 방법으로 웃음의 형태를 띠게 된다.

인지 및 심리·정서적 성장은 여러 자극과 상호작용한다. 웃음은 여러 자극 중에서 유난히 두드러진 자극에 의해 유발되는데, 웃음 발달의 특별한 프로파일이 존재할 정도이다. 이른 시기의 경험일수록 웃음 발달에 크게 기여한다.

3. 초기 웃음

• 아기가 처음으로 웃음을 보이는 시기는 생후 2개월에서 4개월 사이이다. 시기의 차이는 아이들의 심리·정서 및 인지적 성숙도의 차이, 가정환경 자극의 차이, 그리고 가족들의 유쾌한 분위기 등에 달려 있다.

이 시기에 웃음은 갑작스럽게 튀어나오며 대체로 강렬하다. 웃음은 자동적으로 나오는 것처럼 보이며 통제되지 않는다. 이 강렬한 웃음, 즉 입을 크게 벌리고 웃는 웃음은 인지 및 심리·정서적 성장과 함께 점차 진화하고 사회화되면서 그 강도가 약해지고, 미묘한 의미를 전달하게 되며, 주체가 의지적으로 조절할 수 있다.

• 폴 에마르[62], L. 앨런 스로우프[63], E. 워터스, J. P. 분쉬[64]에 따르

면 웃음을 유발하는 데 영향을 미치는 진화 형태는 다음과 같다.

– 생후 4개월에서 6개월 동안은 웃음을 유발하는 강한 자극(아기를 침대에 뉘어놓고 권투나 레슬링을 하는 것처럼 장난을 치는 행동), 간지럼 태우기(온몸을 손가락으로 자극하는 행동)와 같은 촉각적 자극을 주는 것이 중요하고, 6개월 후부터는 '곤지곤지'와 같은 놀이로 자극을 주는 것이 웃음 발달에 큰 영향을 미친다. 심한 간지럼 태우기와 같은 공격적인 장난은 접근회피 반응을 일으키며, 즐거움과 두려움, 기대와 공포를 동시에 유발하여 아이로 하여금 두 가지 상반된 감정을 조화시키는 데 어려움을 느끼게 한다. 아이들의 반응은 기분과 정신 상태에 따라, 특히 파트너와의 상호작용(가족이나 다른 사람들)과 놀이의 종류에 따라 결정된다. 평소 장난기가 있는 환경에서 성장한 아이는 성인의 공격이 자신을 해하지 않는 것으로 인식한다. 아이는 해를 가할 수도 있는 상대와 친숙하게 상호작용을 하면서 웃을 수도 있다.

청각 자극(생후 5~6개월)은 본질적으로 입으로 강하게 '우우' 하는 엄마의 소리와 같은 것으로, 주로 소리가 동반되는 입 모양을 보고 자극을 받는다.

---

62) Paule Aimard, Les bébés de l'humour, Brussels: Mardaga, 1988.

63) L. Alan Sroufe and J. P. Wunsch, "The Development of Laughter in the First Year of Life," Child Development 43, 1972, pp. 1326-44.

64) L. Alan Sroufe and E. Waters, "Ontogenesis of Smiling and Laughter, A Perspective in the Organization of Development in Infancy," Psychological Review, 83, 1976, PP. 173-89.

생후 6~7개월 경에는 두 가지 유형의 웃음이 관찰된다.

- 7개월째부터는 앨런 스로우프가 말하는 사회적 자극뿐만 아니라 단순한 시각 자극과 복잡한 시각 자극(놀라는 표정, 이상한 가면을 쓰고 아이 얼굴 앞에 들이미는 행동, 장난스럽게 머리를 흔들기, 바닥을 기어 다니는 행동, 펭귄처럼 우스꽝스럽게 걷는 것, 아이의 젖병을 우스운 모양으로 빠는 행동 등)에 적극적으로 반응한다. 즉, '까꿍 놀이', '곤지곤지'와 같은 놀이를 의식하거나, '너를 잡고 말거야'[65]와 같은 프랑스식 놀이가 촉각 자극과 청각 자극을 통해 아기들의 웃음을 유발한다. 앨런 스로우프가 말하는 웃음 유발 방법은 반기계적인 행동을 반복하여 익숙해질 때쯤, 기대하지 못했던 행동을 함으로써 놀라게 만드는 것이다.

사회적 자극 중에서 폴 에마르르가 말하는 '까꿍 놀이'는 눈앞에 나타났다 사라지기를 반복하는 것을 말한다. 물건 두 개를 하나로 합쳤다 둘로 나누었다 하는 것도 하나의 방법이다. 이러한 상황은 가끔 고통을 유발하기도 하며, 심지어 웃음을 통해 긴장을 완화시켰다가 다시 불안감과 긴장을 조장하기도 한다. 이런 놀이는 차츰 부드럽고 견딜 만한 공포감으로 바뀌어 아이는 웃기 위해 스스로에게 자극을 주게 된다.

폴 에마르르에 따르면 '너를 잡고 말거야' 놀이는 커다란 나

65) L. Alan Sroufe, Emotional Development: the Organization of Emotional Life in the Early Years, Cambridge: Cambridge University Press, 1995, p.85

쁜 늑대가 나타나는 잠재적 공상을 재현하며 쫓고 쫓기는 게임이다.

아이가 이러한 상황과 자극에 직면하면, 점차 소극적인 자세에서 웃음을 유발하는 친숙한 자극을 먼저 실행하는 적극적인 자세로 발전하며, 그와 같은 자극을 재현하려고 노력한다.

아이가 두 살이 되면 자신에게 웃음을 유발하는 상황을 만들거나 자극을 반복하는 행동을 할 수 있다. 어떤 아이는 스스로 자극적인 것을 먼저 찾기도 한다. 한 살배기 아드리앙은 손으로 자기 눈을 가리고 "아드리앙 어디 있게?"[66]하면서 깔깔 웃는다.

아이는 또한 인지 및 심리·정서적 기능이 발달할수록 더 이상한 행동을 쉽게 할 수 있다.

– 좀 더 큰 아이들의 경우 '더 많이' '초자아적 행동'의 즐거움을 찾게 된다. 이러한 아이들은 또한 놀이 신호기능을 가지고 있어서 유쾌한 놀이에 또래들을 초대하거나 같이 놀이를 할 친구를 찾는다. 한 집단에서 사회적 상호작용을 하는 웃음은 특히 아이들에게 강한 자극을 주어 행동 발달을 촉진시킨다.

---

65) L. Alan Sroufe, Emotional Development: the Organization of Emotional Life in the Early Years, Cambridge: Cambridge University Press, 1995, p.85

66) Op. cit., Aimard.

4. 웃음의 개체발생에 관한 종합적 견해

앞서 살펴본 자극들은 밝고 유쾌한 분위기, 즉 '긍정적인' 정서 상태에서 이루어져야 한다. 신뢰를 기반으로 한 친숙한 관계(엄마와 아기, 아빠와 아기 등)의 상호 작용 속에서 놀이에 참여하고 있다는 사실을 아기가 충분히 인지하며 안심할 수 있어야 한다. 안전하고 유쾌한 분위기에서(인지적 차원과 심리·정서적 차원에서) 적당한 정도의 짓궂은 장난과 의외의 행동으로 자극을 줄 때, 아이는 긴장완화 메커니즘에 따라 웃음을 통해 정신적 긴장을 조절하려는 반응을 보인다. 물론 이것은 아이의 다양한 웃음 중 하나에 불과하다. 더 많은 경우에 아이의 웃음은 심적 안도감, 가족들과 상호작용하는 기쁨, 운동에서 느끼는 성취감이나 초자아적 즐거움, 환희를 표현한다.

갓난 아기의 웃음은 긴장-완화 메커니즘의 발달과도 이어지지만, 그에 못지 않게 유쾌함-불쾌함의 감정 조절 메커니즘의 발달과도 관련이 있다.

이와 같이 아이의 웃음은 웃음-놀이, 웃음-유머, 웃음-장난, 웃음-공포, 웃음-안도, 웃음-즐거움과 같은 다양한 관계에서 이해해야 한다. 그 중에서도 웃음-놀이 관계는 주로 아이와 어른의 관계에서 가장 두드러지게 나타난다.

결론적으로 웃음의 개체발생은 아이의 이중 발달과정을 외적으로 보여주는 증거이며, 지속적으로 환경과 상호 작용한다는 사실을 알려준다. 그리고 이러한 상호 작용이 가족 간의 상호 작용과 같이 정서적으로 안정된 환경과 유쾌한 환경 속에서 이루어질 때, 아이의 뇌와 감각 신경, 인지, 심리·정서적 성장이 두 배나 빠르다는 것을 보여준다.

4. 웃음의 계통발생 이론

웃음의 기원과 진화에 대한 연구를 위해서는 비교행동학 이론의 도움이 반드시 필요하다. 비교행동학 이론은 포유 동물에게서 나타나는 안면 운동의 역사에서 웃음이 차지하는 위상을 잘 설명해주기 때문이다.

1. 선행 개념

A) 포유동물의 안면반응 출현

안면 표현은 안면근육의 정밀한 시스템을 필요로 한다.

어류, 양서류, 파충류 같은 일부 냉혈 척추동물과 특정 조류의 경우, 안면근육 시스템은 상대적으로 매우 단순하다. 이들의 안면근육은 대체로 눈, 코, 입의 개폐를 제어하는 근육에 한정된다.

에른스트 후버[67]는 이가 나기 시작하는 아이가 음식을 씹을 때

67) Ernst Huber, Evolution of Facial Musculature and Facial Expressions, Oxford: Oxford University Press, 1931.

변화하는 안면근육의 모양이 포유동물의 안면근육에 갑작스럽게 나타나는 변화(뺨과 입술 모양의 변화)와 가장 유사하다는 사실에 주목했다. 대부분의 포유동물의 안면근육은 동일한 구조로 되어 있지만, 고등 영장류는 상당히 다른 구조로 되어 있어서 개과의 여우와 늑대, 고양이과의 육식 동물, 소와 말처럼 발굽이 있는 유제류 등의 특정 동물들은 매우 정교하게 발달된 안면 반응 시스템이 있다. 고등 영장류는 또한 중심와中心窩나 중앙부가 돌출된 특별한 구조를 보인다. 그들은 줄어든 안면 부위에 표현을 집중함으로써 일반적인 거리에서 사회적 소통을 즉시 인식할 수 있다는 장점이 있다. 이와 같은 안면 발달은 특히 개과와 영장류에서 특징적으로 나타난다.

영장류 동물과 인간은 근육이 세부적으로 분류된다. 안면근육 역시 정교하고 복잡하게 발달하여 풍부한 표현이 가능하며, 이것이 바로 인간의 '모방 시스템'으로 이어진다는 것을 관찰할 수 있다.

B) 영장류의 사회적 놀이

캐롤라인 로이조스[68]에 따르면, 놀이는 동물과 인간이 살아가는 사회 환경의 모든 요소를 학습하게 하는 가장 유연하고 효과적인 준비다. 영장류의 감각기관은 놀이를 통해 지속적으로 각종 자극에 반응

68) Caroline Loizos, "Le comportement ludique chez les primates supérieurs," review in L'Ethologie des primates, Brussels: Complexe, 1978.

함으로써 빠르게 발달한다.

동물들은 동종 또는 다른 종의 동물과 함께 놀이에 참여할 수 있다. 상대방을 놀이에 초대할 때, 반드시 말이 아니더라도 시선, 동작, 몸짓, 태도 등의 소통 신호를 사용할 수 있다. 놀이에 초대하는 신호는 매우 강력하며, 전혀 모호하지 않고, 이종간에도 충분히 가능하다.

사회적 놀이는 먹고 자는 시간을 제외하고 남은 시간 중 가장 많은 시간을 차지한다. 사회적 놀이는 기본적으로 어린 영장류들 사이나 어미와 자식들 사이에서 관찰된다. 사회적 놀이 신호는 흔히 '놀이 신호'라 불리는 특별한 몸짓 또는 '입을 벌린 편안한 얼굴'을 말한다. 이러한 얼굴 모양은 고등 영장류에서 관찰되며, 인간 웃음의 계통발생론에서 매우 중요하게 다루어지는 특징이다. 놀이 방식은 추적, 싸움, 공격하거나 잡으려고 덮치는 행동, 물어뜯기 등 주로 경쟁적이고 과격한 행동을 포함한다. 사회적 놀이는 일반적으로 각각의 종種 내에서 사회화 과정에 기여하는 요소들로 구성된다. 따라서 놀이는 동물들이 속한 종의 사회 생활을 학습할 수 있게 하는 일종의 훈련처럼 보인다.

C) 동종 개념

이레노이스 아이블-아이베스펠트[69]에 따르면, '동종'이란 형태학적

69) Op. cit., Eibl-Eibesfeld.

구조 또는 행동 구조가 동일하며 그 기원이 같은 생물 집단을 의미한다. 즉, 동종끼리의 유전 정보 중 행동 유형에 적응하는 정보는 서로 직접적인 연관성을 보인다. 보통은 기억을 공유하는 동종과 유전자 정보를 공유하는 동종을 구분하는데, 전자는 '전통에 따른 동종'이라 불리고 후자는 '계통발생에 따른 동종'이라 불린다.

지금까지 동종에 대한 연구는 상당수 인간 행동의 계통발생적 특성을 확인해왔다.

D) 의례화의 개념

"진화 과정에서 동물들은 특정 행동의 본래 기능을 상실하고 새로운 기능을 취득하는 경우가 많다. 이는 동종 동물 사회의 의례화 절차에 따라 더 원활한 소통을 위한 것으로 해석된다." (헉슬리)[70)]

위와 같은 행동 진화는 동종의 동물이 자신의 의사를 상대방이 이해할 수 있도록 더 적절한 표현 양식을 습득하려는 목적에서 이루어진다. 이러한 행동들은 또한 다른 종을 공격하는 루트를 연결하는 기능을 익힘으로써 동족 간의 유대를 강화할 수도 있다.

---

70) Julian Huxley, "A Discussion on Ritualization of Behavior in Animals and Man," Philosophical Transactions of the Royal Society 251, no. 772, December 29, 1966.

2. 학계에서 인정하는 계통발생 기원에 관한 가설

인간의 웃음과 미소의 계통발생 기원에 관한 가설 중에서 학계가 그 타당성을 인정하는 것으로는 반 호프와 그의 동료 학자들의 이론이 있다.[71)]

반 호프가 오랜 연구 끝에 얻어낸 비교 데이터에 의하면, 인간의 웃음은 일반적으로 '입을 벌린 편안한 모습'(안면 모방)의 형태를 띠는 영장류의 웃음과 유사하며, 미소의 경우에도 '소리 없이 치아를 드러내는 형태'를 띠고 있는 영장류 동물의 미소와 유사하다. 이것은 계통발생학 유형에서 매우 큰 중요성을 갖는 동종 표현 중 하나이다(다음 그림 참조).

즉, 영장류 동물에게서 관찰되는 '입을 벌린 편안한 안면 모양'

a) 입을 벌린 편안한 안면 모양 b) 소리 없이 치아를 드러낸 안면 모양[72)]

71) J. A. R. A. M. van Hooff "A Comparative Approach to the Phylogeny of Laughter and Smiling," in Non-verbal Communication, R. A. Hinde (ed.), Cambridge: Cambridge University Press, 1972.

72) According to J. A. R. A. M. van Hooff, 1971, source, op. cit.

은 인간 웃음의 계통발생학적 초기 형태일 것이며, '조용히 치아를 드러낸 안면 모양'은 인간 미소의 계통발생학적 초기 형태라는 것을 알 수 있다.

전통적인 견해에 따라 예의 두 가지 다른 표현 형태가 같은 형태학적 차원에서 나타나고 있다 하더라도, 웃음과 미소는 엄연히 각각 다른 계통발생학적 기원이 있으며, 표현 동기에 있어서도 명백한 질적 차이를 보인다.

다수의 학자에 따르면 '입을 벌린 편안한 안면 모양'은 본래 영장류 동물들이 놀이 중에 서로 가볍게 깨무는 동작에서 유래한 것으로, 진화 과정에서 의례화된 행위임이 분명하다. 두 동작 모두 사회적 상호작용으로서 놀이의 본질을 동족에게 알리는 신호의 기능을 갖고 있기 때문이다. 놀이는 이와 같이 전투 또는 '거친 추격'과 유사한 형태를 띠고 있는 경우가 많다.

인간의 웃음은 위에서 설명한 의례화 과정의 마지막 형태인 것으로 보인다. 비슷한 또래 아이들의 사회적 상호작용에 관한 행동학 연구에 따르면, '입을 벌린 편안한 안면 모양'의 의례화를 공유하는 동종 집단은 행동 기능적 측면에서도 동종 집단인 경우가 많다. 실제로 웃음과 놀이는 아이들의 특징을 보여주는 두 가지 중요한 자료가 된다. 웃음을 통해 놀이 신호를 보내며 놀이 과정에서 다양한 웃음이 발현된다는 점에서 이 둘은 긴밀한 상호작용 관계를 맺고 있다.

그러나 영장류의 사례처럼 인간 집단에서도 호전적 놀이에서 특별한 상호작용이 관찰될까? 그와 같은 놀이가 원래의 공격적 동기를 그대로 유지하고 있을까? 콘라트 로렌츠[73]는 그렇다고 말한다. 그는 모방의 형태학(입을 벌리고 치아를 드러내는 것)을 근거로 이를 판단했다.

성인들 사이에서 '호전적인' 사회적 놀이나 상징적인 '공격' 놀이가 우습고 가벼운 개그 놀이와 크게 다르지 않다면, 웃음-개그의 관계는 '입을 벌린 편안한 안면 모양'과 영장류의 호전적 놀이 사이의 연관성과 같을 수도 있다.

그럼에도 불구하고 웃음과 웃음의 계통발생학적 초기 형태가 구분되어 존재하는 것은 분명하며, '입을 벌린 편안한 안면 모양'이 표현형(유전자와 환경의 영향으로 형성된 생물의 형질 –역주)으로서나 기능면에서 인간의 웃음과 매우 밀접하게 연관되어 있음이 분명하다.

3. 제인 구달이 관찰한 인간 유아와 침팬지의 개체발생 비교 요소들[74]

인간의 웃음을 계통발생학적으로 '놀이의 요소'로 볼 수 있는 또 하나의 근거로 인간 유아와 침팬지의 웃음 개체발생의 비교 데이터를 제시할 수 있다. 인간과 침팬지의 어미-자식 간 놀이의 상호작용은 매우 동일한 감각적 접촉과 동일한 운동 방식(특히 간지럼)을 보인다.

73) Konrad Lorenz, On Aggression, New York: Harcourt Brace and World, 1963.

74) Jane Van Lawick-Goodall, "Mother-Offspring Relations in Chimpanzees," in Primate Ethology, Desmond Morris (ed.), London: Weidenfeld and Nicolson, 1967, pp. 287-346.

인간의 경우 감각기관이 고도로 진화했기 때문에 놀이의 방식이나 자극의 형태가 복잡해지고 다양해졌다. 그러나 침팬지의 경우에는 촉각운동을 자극하는 호전적인 놀이 방식에서 크게 벗어나지 못하고 있다.

엄마와 아기가 처음으로 하는 놀이에서(침팬지는 11~12주, 인간은 12~16주) 우리는 촉각 자극에 반응하는 특수한 안면 모방을 관찰할 수 있다.

'입을 벌린 편안한 안면 모양'은 개체발생학적으로 놀이 형태의 상호작용에서 나타난다. 침팬지의 경우 생후 상당한 시간이 지난 후에 놀이 신호로서 나타나는 반면, 인간의 경우에는 이른 시기에 다양한 동기와 환경 요인에 의해 나타난다.

인간의 유아기와 마찬가지로 자극에 직면한 새끼 침팬지들은 소극적 자세에서 점진적으로 적극적 자세를 취하고, 어미를 모방해 놀이 신호를 수신하기도 하고 직접 보내기도 한다.

지금까지 살펴본 바에 따라, 우리는 놀이 맥락적 동종 이론과 행동 유형적 동종 이론이 대립하는 가운데서 확립된 유아기 계통발생학적 동종 가설이 강한 설득력을 가지고 있음을 알 수 있다.

III

'웃음'의 인과 관계

1. 서론

웃음의 인과 관계에 관한 연구는 웃음이 터져 나오게 하는 데 기여하는 두 가지 요인, 즉 외부 요인과 내부 요인을 다룬다.

- 웃음 자극 장치라 불리는 외부 요인은 단순히 우스운 것을 말하며, 인류학적· 정신분석학적 연구의 대상이다.
- 내부 요인은 웃는 동안에 일어나는 정신내적 작용, 대뇌의 작용 등 웃음 운동을 수행(안면, 호흡기관, 발성기관)하는 생리적 과정을 말한다.

인간의 생체 실험은 윤리적으로 명백히 금지되어 있기 대문에, 현재로서는 신경학, 정신의학, 정신분석학의 자료 지원 없이는 정신내적 작용과 대뇌의 작용 메커니즘을 파악할 수 없다.

웃음의 기능장애와 같은 병리학 분야에서는 최근 두 가지 과제를 둘러싸고 활발한 움직임이 일어나고 있다.

1) 신경학 분야가 급성장하면서 그 연구 성과로 인해 웃음의 생리병리학적 문제에 접근하는 것이 가능해졌다.

2) 정신의학이 발달하면서 그 성과 덕분에 웃음의 정신병리학적 문제를 다룰 수 있게 되었다.

병리학은 생리적 현상을 파악할 수 있게 해준다는 면에서 학계의 각별한 주목을 받고 있다. 그런 만큼 병리학 분야의 자료들은 우리가 알아보고자 하는 정상적인 웃음의 내부 요인에 관해서도 유용한 도움을 줄 수 있을 것이다.

2. 웃음의 병리학

1. 웃음 기능장애의 기본 요건

D. W. 블랙[75]과 J. J. 아슈케나지[76]를 포함한 일련의 학자들에 따르면, 어떤 사람의 웃음이 다음 중 하나 이상의 특징을 보이면 이상 증세로 판단한다.

- 자극의 강도와 지속 시간에 비해 웃음의 강도가 지나치게 약하거나 또는 너무 강할 때, 웃음의 지속 시간이 지나치게 길거나 혹은 너무 짧을 때, 우리는 이상 증세를 의심해볼 수 있다. 일반적으로 이러한 웃음은 '조작된' 것처럼 느껴진다. 일반적으로 웃음의 강도는 자극의 강도와 지속 시간에 영향을 받는다. 친교 모임이나 축제에서 보는 집단의 웃음처럼 상황적 요인이나 사회적 요인에 의해서도 영향을 받을 수 있다.

75) D. W. Black, "Pathological laughter, a review of the literature," Journal of Nervous and Mental Disease 170, 1982, pp. 67-71.

76) J. J. M. Askenasy, "The functions and dysfunctions of laughter," Journal of General Psychology 114, 1987, pp. 327-34.

- 웃음은 본질적으로 '통제되지 않고', '통제될 수도 없다'. 이러한 특성의 단적인 예로 우리는 발작적으로 터지는 웃음을 떠올릴 수 있다.
- '객관적으로' 전혀 우습지 않은 상황에서 웃는다면 이는 당연히 부적절한 반응으로 볼 수 있다. 즉, 웃음과는 관련이 없어 보이는 고통, 슬픔, 분노와 같은 감정이 발생하는 상황에서 웃는 것은 부적절한 웃음이나 이상 증세로 의심해볼 수 있다.
- 웃음이 발생한 상황에서 식별 가능한 어떤 자극도 발견되지 않았다면, 즉 웃음이 나올 만한 특별한 이유가 없는 상황이라면, 이는 웃는 주체의 정신내적 요인이라고 밖에는 설명할 수 없을 것이다.
- 끝으로, 감정이 결핍된 웃음이 있다. 이러한 웃음은 단순히 웃음을 모방하는 행위이며, 흔히 이것은 이상 증세로서 나타난다.

2. 신경증적 웃음[77)]

정신적 이상 증세에서 나타나는 웃음과는 달리 신경증적 웃음에 대한 연구 사례는 매우 드물다. 그럼에도 불구하고 신경학자들은 다양한 병리 현상을 밝혔는데, 그 중에는 가연수성, 시상하부, 측두엽, 편마비, 간질, 전두엽 등의 웃음이 있다. 이들 증상에 관한 세부적인 내

77) Eric Smadja, Approche pluridiscipli naire du rire normal et des rires pathologiques, Thesis in Medicine, Amiens, November 1990.

용을 살펴보면, 정상적인 웃음의 대뇌 작용도 설명할 수 있다.

국소해부학적 데이터를 사용하면 대뇌 구조(전두엽 및 측두엽), 대뇌 주변 시스템, 중심 뇌 시스템(시상핵, 미상핵, 렌즈핵), 시상하부, 뇌 본체 등이 하는 주요 기능을 살펴볼 수 있다.

생리병리학적 양상은 두 가지 측면에서 파악할 수 있다. 하나는 결핍증후군을 초래하는 병변 방출, 다른 하나는 신경과민으로 연결되는 발작성 신경 자극이다. (추체로의 병변이나 적어도 추체외로, 소뇌와 하행 망상체의 병변 장애를 가진) 뇌 본체의 웃음, (추체로 신경계통 장애와 부추체로 장애를 가진) 편마비성 웃음, (전전두엽의 전운동 영역의 신경 마비로 인한) 전두엽 웃음 등은 병변 방출로 인한 결핍증후군에 해당된다. 반면에 간질성 웃음은 이차적으로 피질과 피질하 영역 및 중뇌 구조까지 퍼져 있는 병변의 방출과 관련이 있다.

신경종말 중심과 작동체 신경계통 다발(추체로, 추체외로, 소뇌)의 다양한 변화는 웃음을 유발하는 대뇌 기능(웃음과 즐거움을 연결시키는 프로그램, 운동 조직, 쾌락 감각의 기원, 다른 신경 작동체와 함께 대뇌운동 신경의 완성)과 관련되어 있으며, 이 내용은 생리병리학적 모델을 제시하는 수많은 이론에 등장한다. 이에 관해서는 책의 뒷부분에서 다시 한 번 다룰 것이다.

3. 정신의학에서 다루는 웃음[78)]

정신의학자들 사이에서는 현재까지 큰 이견 없이 다음의 질병기술학적 웃음 분류를 사용하고 있다.

- 정신분열증 환자의 웃음(정신착란을 보이거나 혹은 보이지 않는)
- 가벼운 혹은 심각한 편집증적 웃음
- 히스테리성 웃음

선천적인 정신 장애뿐 아니라 (정신분열증이 아닌) 일시적 정신착란적 웃음과 환각 웃음도 함께 고려해보자.

만약 신경병리학의 병변 실험결과가 웃음의 대뇌 작용을 관할하는 특정 부위의 존재 사실을 입증한다면, 정신병리학은 우리에게 웃음을 둘러싼 복잡한 정신내적 세계로 인도할 것이다. 정신병리학은 수많은 양상의 '정신 기호화'를 통해 다음과 같은 정보를 제공한다.

- 내부 자극 장치(환각, 정신착란)
- 정신적 흥분으로 특정 기분이 확대되는 현상
- '쾌락-웃음 프로그램'의 기능장애

78) Cf. the work of Dr. Eric Smadja

– 인지적 요인들
– 특정 상황에서 무의식적으로 기능할 수 있는 상징 체계

정신병리학은 웃음에 관한 정신분석학적 탐구의 문을 열어주는 풍부한 자료를 제공한다. 이에 관해서는 후반부에서 자세히 살펴보기로 하자.

4. 중독성 웃음

중독성 웃음은 독립적으로 발생하는 것이 아니라 중독성 편집증의 일환으로 나타난다. 여기에서 다시 한 번 우리는 정신적 흥분 상태와 쾌락, 감정의 배출 과정이 연결되는 것을 알 수 있다. 이는 웃음의 신경화학적 원리에 관한 단서를 제공한다.

중독이나 만취의 초기 단계에서 코카인, 암페타민, 해시시, 알코올, 흡입제 마약 등은 전부 다양한 종류의 조증과 경조증을 유발할 수 있다.

이와 같은 약물들의 정신·생리병리학 연구는 우리에게 이러한 병리적 웃음의 신경화학적 원리에 관한 정보를 제공해주며, 더 나아가 정상적인 웃음 생산에서 일어나는 신경화학 메커니즘을 밝히는 데 기여할 것이다. 새로운 연구의 지평을 연다는 것은 이런 것이 아니겠는가!

3. 정신분석학적 접근

1. 서론

이제부터는 매우 복잡한 정신내적 세계로 들어가 웃음을 자극하는 장치를 알아보도록 하겠다. 먼저 권위 있는 기존 정신분석학의 연구 결과들을 살펴보자. 우선 첫 부분에서는 웃음의 메타심리적 측면을 다룬 문헌을 소개할 것이다. 이어지는 다음 내용에서는 유전적 관점에서 주제에 접근한 문헌을 살펴볼 텐데, 특별히 유아의 초기 웃음부터 성장기 어린이의 말장난까지 두루 주관하는 심리적 조건에 주목해 보기로 한다.

문헌 탐색을 진행함에 있어 우리는 웃음에 관한 정신분석학적 이론을 초기에 정립한 선구적 문헌들을 우선적으로 볼 것이다. 그 첫 번째 사례는, '정신분석의 아버지'라 불리는 지그문트 프로이트가 1905년에 발표한 『위트와 무의식의 관계』[79]가 될 것이다.

79) Sigmund Freud, "Wit and its Relation to the Unconscious," in The Basic Writings of Sigmund Freud, tr. A. A. Brill, New York: Random House, 1995, pp. 601-774, translation of Witz und seine Beziehung zum Unbewußten, Leipzig: Deuticke, 1905.

연대기 순으로 개그에 관한 프로이트의 두 번째 문헌(1927)[80)]을 살펴보고 나서, 장 베르주레[81)]와 장 기요맹[82)]의 논평과 분석의 내용을 알아볼 것이다.

두 번째 부분에서 우리는 웃음과 쾌감의 기원에 관한 르네 스피츠[83)]의 저서와 강연의 내용을 살펴보면서 본 주제에 관한 유전적 관점을 소개할 것이다.

마지막으로, 앞서 고찰한 이론들을 종합적으로 정리하고자 한다. 이 이론들은 웃음에 관한 유전적 관점과 메타심리적 연구에서 매우 뛰어난 통찰력을 지니고 있는 것으로 판단되며, 따라서 우리의 견해를 제시할 때 이 이론들을 근거로 삼고자 한다.

---

80) Sigmund Freud, "Humour," Collected Papers, London: Hogarth Press, 1953, vol. 5, pp. 215-21. Cited here is a corrected reprint of the 1950 translation.

81) Jean Bergeret, "Pour une métapsychologie de l'humour," Revue française de psychanalyse 37, 4, Paris: Presses Universitaires de France, July 1973, pp. 539-66.

82) Jean Guillaumin, "Freud entre les deux topiques: le comique après l'humour (1927), une analyse inachevée," Revue française de psychanalyse 37, 4, Paris: Presses Universitaires de France, July 1973, pp. 607-54.

2. 문헌 소개

A) 프로이트(1905, 1927)

a) 『위트와 무의식의 관계』(1905)

이 저서는 『성 이론에 관한 세 편의 논문』[84]과 더불어 프로이트의 일반적인 주제에서 크게 벗어나 있는, 독특한 내용으로 알려져 있다. 또한 다른 저서들과는 달리 집필 이후 수정된 내용이 거의 없으며, 다만 유머를 다룬 부분만은 최근에 와서 다른 학자들에 의해 자주 재조명되는 경향을 보이고 있다.

- 꽤 많은 분량으로 쓰여진 이 저서는 분석, 종합, 이론화 등 세 부분으로 나뉘어 있다. 프로이트는 여기에서 다양한 종류의 위트, 코믹, 유머를 다룬다.
- 서문에서 프로이트는 위트를 독특한 정신 활동이라고 설명하고 있다. 주체의 정신적 삶에서 뚜렷한 하나의 위상과 역할을 차지하며, 다른 정신 활동들과 긴밀한 연대를 맺는 정신 활동이라는 것이다. 그는 위트가 하나의 사회 현상으로서의 본질을 지니고 있음에도 동시대 지식인들－문인, 심리학자, 미학자－이 거의 관심을 기울이지 않는 것을 안타깝게 생각했다. 뿐만 아니라 개그로 표상되는 광대

84) Sigmund Freud, Three Essays on the Theory of Sexuality, tr. James Strachey, New York: Basic Books, 1962, translation of Drei Abhandlungen zur Sexualtheorie.

한 미적 영역에서 위트의 중요성이 명백하게 드러나는데도 공식적으로는 어떤 인정도 받지 못하는 현실을 못마땅하게 여겼다.

그의 저서에서 우리는 어떤 중요한 개념을 발견할 수 있을까?

- 우스운 것은 다양한 형태(위트와 재치, 코믹, 유머)를 통해 하나의 정신 내적 활동을 일으키며, 이것은 즐거움을 증대시키기 위한 목적을 가지고 있다. 프로이트는 이러한 관점에서 유아기와 웃음의 관계, 복잡한 발달 과정에 기여하는 놀이와 웃음의 관계, 즐거운 기분과 웃음의 관계 등을 탐구했다.
- 프로이트가 웃음과 관련하여 위트를 나머지 형태들과 차별화하여 특별한 위상을 부여한 데는 세 가지 이유가 있다(저서의 4분의 3이 위트에 관한 내용이다). 먼저 위트는 쾌감의 원천이며, 두 번째로 정신 활동의 사회성을 보여주는 뚜렷한 근거가 되며, 마지막으로 정신 활동의 경제적 측면과 사회적 측면을 입증하는 근거가 된다.
- '위트'로 시작해서 이 다양한 유머의 형태들을 하나씩 생각해보기로 하자. 위트의 쾌감은 억제로 인한 정신적 소모가 쌓여 있는 데서 기인한다. 여기서 억제란 성적 억압이나 타인에 대한 공격적 성향이 억압되어 있는 상황과 관련이 있다. 이와 같은 쾌감은 관음적 욕구와 가학적 욕구의 부분적 해소에서 오는 상징적 만족감을 동반한다. 그러나 위트의 기술은 단어(축약, 이중적 의미)나 사고(전치, 거

짓논리, 간접 표현, 부조리, 반대를 통한 표현)에 기초하고 있으며, 주로 어린 시절에 많이 하는 말장난이나 난센스가 유발하는 쾌감의 원천이 된다.

- 프로이트는 위트의 기술이 해몽 수단과 유사하다고 주장했다. 위트의 기법은 무의식의 원초적 기능을 이용한다. 사실 위트 현상에서 전의식은 독특한 방식의 의식화로 전환되기 위해 먼저 무의식을 통과한다.

  이것은 이미 그가 서문에서부터 주장한 내용과 다르지 않다. 즉, 모든 정신 작용들은 긴밀한 연대 관계에 있다는 그의 생각이 잘 나타나 있는 대목이다. 꿈과 위트는 그 추구하는 목적이 다르다 하더라도 둘의 메커니즘을 강하게 연결시켜주는 연대 관계에 있으며, 프로이트는 이를 구체적으로 설명한 것이다.

- 위트는 말장난의 쾌감과 난센스의 쾌감 사이의 타협을 연상시킨다. 위트가 성립되기 위한 전제 조건은 사회의 검열과 규제다. 검열과 규제의 상황에서 성적 욕구와 폭력적 욕구를 상징적으로 만족시켜 줌으로써 위트는 쾌감을 유발한다. 그리고 이것은 단어의 중의적 성격과 인간 사고체계의 다양성 덕분에 실현될 수 있다.

사회적 차원에서 위트가 실현되기 위해서는 다음 세 가지 요소가 필수적이다.

– 첫 번째, 재치 있는 사람
– 두 번째, 공격적인 말의 대상이 되는 사람
– 세 번째, 재치 있는 사람이 하는 말을 듣는 사람, 즉 웃음으로 반응하는 관객

제3자나 대중에게서 웃음을 유발하는 조건들 중에는 반드시 첫 번째 사람과 함께 '억제를 공유하는 것'이 포함되어 있다. 위트는 반드시 그 위트를 듣고 웃어주는 관객이 필요하며, 관객의 웃음은 첫 번째 사람과의 내밀한 정신적 합의를 알리는 신호다.[85]

이러한 조건은 문화적으로 중요한 가치가 있다. 이것은 웃음에 관한 문화적 상대주의를 주장할 수 있도록 하는 근거가 된다.

또한 정신내적 에너지가 웃음이라는 특수한 안면호흡 루트를 통해 폭발하듯이 방출되는데, 이때 폭발하는 정신 에너지는 한번에 소진되어 없어지는 것으로서 재사용이 불가능하다는 점을 기억해야 한다. 웃음을 통한 의사소통이 효과적으로 이루어지기 위해서는 관객의 의식을 산만하게 해야 한다. 그래야만 갑작스럽게 놀라는 반응을 유도할 수 있다.

대중이나 제3자의 웃음에 관해, 프로이트는 스펜서와 베인의 이론을 수용하고 발전시켰다. 이것은 그의 또 하나의 이론적 업적이 되

85) Op. cit., Freud, "Wit and its Relation to the Unconscious," pp. 704-05.

었다.

'재치 있는' 웃음은 억압된 상황과 갑작스러운 해방에 의해 촉발된 정신 에너지의 방출 과정이다. 다른 목적을 위해 재사용할 수 없는 이 해방 에너지는 웃음의 운동 패턴에 의해 안면호흡 루트와 신체 행동을 통해 표현된다.

프로이트는 위트를 듣는 청중은 쌓여 있다가 해방된 이 정신 에너지의 양만큼 웃는다고 말했다.

웃음의 다른 형태(코믹과 유머)들도 동일한 원리, 즉 정신 에너지의 방출 원리에서 기인한다는 점을 주목하자. 차이는 억압되어 쌓여 있는 정신 에너지의 성격이다. 웃음의 강도는 웃는 주체의 심리와 정서적 상태 등 다양한 요인에 따라 달라진다.

- 프로이트는 정신발생학적 측면에서 재치를 농담(익살스러운 의미를 부여하는 단어 놀이와 난센스 놀이)과 연결시켰고, 어린이의 말장난이나 부조리한 사고와 연결시켰다.

  그로 인해 위트는 아동기의 말장난과 같은 원초적 쾌감의 원천을 다시 누리는 아동기적 쾌감으로 대체되는 경향이 생겼다.
- 코믹은 어떻게 설명할 수 있을까? 프로이트는 코믹이 주는 쾌감을 알아보기 위해서는 전의식 차원에서 일어나는 두 종류의 정신 에너지 소모를 비교해봐야 한다고 말했다.
- 코믹은 사람들의 사회적 관계 속에 나타나는데, 동물이나 무생물

의 의인화를 통해서도 가능하다. 코믹은 또한 명예나 권력을 가진 사람의 '사회적 추락'을 초래하는 방법을 통해 이루어질 수 있다. 보통 명예나 권력을 가진 사람은 그 사회의 내적, 외적 통제 시스템의 보호를 받는다. 희화화, 패러디, 풍자, 폭로 등은 이 사람의 권위를 떨어뜨림으로써 웃음을 유발할 수 있다.

- 코믹이 자연스럽게 발생되기 위해서는 다음 두 사람의 역할이 필요하다. 코믹한 요소를 찾는 첫 번째 사람과 코믹의 대상이 되는 두 번째 사람. 그러나 코믹을 유도하는 경우라면 제3자의 존재가 필요하다. 제3자는 바로 웃어줄 사람, 즉 관객이다.
- 프로이트가 소개하는 또 다른 핵심 이론은 성인의 자아와 어린이의 자아의 코믹한 비교, 현재와 과거의 코믹한 비교에 관한 내용이다. 명예를 실추시키는 것 역시 성인을 유아화하는 데 그 목적이 있다.

따라서 코믹은 두 종류의 표상을 비교할 적절한 기회를 제공한다. 자신 또는 타인의 과거 아동기의 이미지와 지적, 정서적 절제가 가능한 현재 이미지를 비교 대조하여 코믹하게 만드는 것이다. 정신에너지의 차이를 발생시키는 이 코믹한 비교는 웃음을 통해 그 에너지를 배출시킨다. 잊고 있었던 어린 시절의 웃음을 되찾고 유아적 상태를 회복하는 이 코믹한 느낌은 적절한 조건이 충족되는 상황에서만 발생한다. 반면, 웃는 사람의 지적 활동은 혼란을 겪게 된다.

또 다른 중요한 데이터는 코믹한 느낌이 전혀 객관적이지 않고 철저히 주관적이라는 사실이다. 즉, 비교 행위가 사회 현실에 의해 조장된다 하더라도 그 행위는 정신내적 차원에서 일어나며 잠재적 웃음 주체의 심리·정서적 매개변수의 영향을 받는다.

• 유머에 관해서는, 1905년에는 간단한 언급에 그쳤던 내용이었다면, 1927년에는 새로운 데이터(2차 논거와 역동적 관점)와 함께 상당히 진전된 내용으로 재등장했다.[86)]

b)『유머Humor』(1927)

놀라운 연구 성과를 발표한 이 논문에서 프로이트는 1905년에 이미 자신이 유머를 다루었으며, 당시에는 오로지 경제적 관점에서만 유머를 파악하려 했다는 사실을 시인했다. 경제적 관점에 따르면, 유머의 본질은 특정 상황에서 발생할 수 있는 감정을 절제된 방식으로 표현하는 데 있으며, 또한 농담을 통해 격한 감정을 해소시키는 데 있다. 유머의 주체는 분노, 공포, 불안, 고통, 슬픔 등 격한 감정을 유머를 통해 절제된 방식으로 외부에 표출하며 관객 또한 동일시 과정을 통해 자신의 감정을 해소하는 것이다.

월요일 아침에 교수형장에 끌려가는 죄수의 유머는 그 좋은 예

86) Ibid., p. 750.

가 된다. "한 주를 멋지게 시작하는군."[87)]

프로이트에 따르면, 유머의 분위기는 그 성격이 어떻든 유머의 주체가 유도할 수도 있고 주변 사람들이 형성할 수도 있다.

- 이 논문의 장점은 유머의 고상한 성격을 지적했다는 점에 있다. 프로이트는 유머를 고통에 저항하는 인간의 자기 방어 메커니즘으로 보았으며 위대하고 숭고한 것의 반열에 올려놓았다. 또한 그는 고통스러운 현실 앞에서 의외의 태도를 취하는 주체의 자아와 초자아 사이의 새로운 역학 관계를 설명하며 유머의 역동적 성격을 주장했다.

  유머 연구를 통해 프로이트는 부모에게서 유전되는 초자아의 기원에 관심을 갖게 되었고, 결국 이후에 초자아에 관한 깊이 있는 연구를 진행하게 되었다.
- 그는 1927년 논문에서도 유머가 고통에 저항하는 인간의 자기 방어 메커니즘임을 거듭 강조했다.
- 유머의 역동적 성격을 밝히고자 했던 프로이트의 논점은 다음과 같다.

  "만약 유머의 주체가 자아의 정신내적 강세를 해제시키고 그것을 초자아의 차원으로 옮길 때 유머가 발생하는 것이 사실이라

87) Op. cit., Freud, "Humour," p. 215.

면, 우리는 유머의 역동적 성격을 확신할 수 있을 것이다. 이렇게 강세 상태로 바뀐 초자아의 차원에 자아는 아주 빈약한 모습으로 나타날 수 있다. 에너지가 초자아 상에 집중됨으로써 초자아는 더 이상 자아의 어떤 반응도 억압하려 하지 않는 것이다."

즉, 특정 상황에서 개인이 갑작스럽게 자신의 초자아에게 지나치게 집중하게 되면 자아의 반응을 변화시킬 가능성이 있는 것이다.[88]

유머는 이처럼 초자아의 코믹이 만들어지는 과정에서 초자아에게 기여하게 된다.[89]

프로이트는 또한 유머에 의해 만들어지는 재담은 큰 의미를 갖지 않는다고 보았다. 재담은 단지 '표본'에 지나지 않으며 '중요한 것은 유머가 수행하고자 하는 의도, 즉 유머가 특정 대상이나 주변 사람들에게 전달하고자 하는 메시지다'. 유머는 이렇게 말하고 싶어한다. "세상을 한번 봐봐! 기가 막히게 위험해보이잖아! 아이들 장난 같은 재미난 놀이의 대상이 되기에 아주 좋잖아!"

• 프로이트 이론을 연구하는 사람들은 위트나 코믹보다 유머에 관한 내용에 훨씬 큰 관심을 보였다. 따라서 프로이트와 관련한 다른 많은 저서에서도 유머에 관한 내용을 찾아볼 수 있다.

88) Ibid., p. 219

89) Ibid., p. 220.

B) 메타심리적 관점

a) 장 베르주레[90)]

장 베르주레는 프로이트의 논문(1905, 1927)을 바탕으로 유머에 대한 그의 독자적인 개념을 정립하며 메타심리적 이론을 발전시켰다. 그는 우선 정신내적 현상을 다루는 학자라면 누구나 받아들이는 세 가지 매개변수–공리성, 경제성, 역동성–를 중심으로 '유머 현상'을 분석했다.

유머는 다양한 메커니즘에 따라 기능하는 복잡한 정신 작용의 산물이다. 위트와 꿈이 프로이트의 키워드라면, 베르주레의 키워드는 '유머 작업'이라고 할 수 있다. 유머 작업은 흥분 상태를 관리하기 위한 일종의 정신 작용으로서, 감정과 표상 활동을 분리시키고 새로운 쾌감을 유발하여 기존의 불쾌감을 억누르고자 하는 행위를 말한다.

이 작업은 위치 이동, 간소화, 다원결정, 상징화와 같은 여러 종류의 정신내적 메커니즘에 따라 수행된다. 이 메커니즘들은 부차적인 정신 현상들과 연결되어 유머가 전달하고자 하는 메시지를 해석하는 작업에 기여한다.

대중에게 가장 익숙한 유머의 주제들은 주로 성욕과 공격성이라

---

90) Op. cit., Bergeret.

는 두 가지 충동과 관련되어 있다. 가장 빈번한 것은 이 두 가지가 서로 뒤섞인 경우다. 또한 유머 작업은 기존의 권위에 대해 '유쾌한' 문제 제기를 한다는 점에서 전복적인 성격을 띠고 있다.

베르주레에 따르면, 유머는 일종의 합의 형성 과정과 유사하며 감정 정화와 환상이라는 다른 정신 현상과도 상당한 유사성이 있다. 환상처럼 유머도 상상하는 과정을 포함할 수 있고 그림을 그리듯이 원하는 내용을 묘사할 수 있다. 심지어 이것은 꿈을 꾸는 것이나 환영을 보는 수준에까지 비교될 수 있을 것이다. 이런 점에서 유머는 위트나 코믹보다 환상에 더 가깝다.

감정 정화에 관한 내용에서 베르주레는 유머의 목적이 억압에 가깝다고 말한다. 유머로 인해 얻는 만족감은 원초적인 수준에 머물러 있으며, 이는 감정 표현을 통해 느끼는 만족과는 완전히 다른 것이다.

게다가 이 만족감은 충동적으로 발산되는 에너지를 모두 소모한 끝에 느끼는 제한적 쾌감이다.

• 공리성에 관해서, 프로이트는 전의식의 중요성과 보호자 역할을 맡은 초자아의 중요성을 동시에 강조한다.

베르주레는 이 초자아가 보호자의 역할을 한다기보다 자아의 이상을 제시하는 역할을 한다고 생각했다(프로이트의 이론에서는 제대로 논의 되지 않았던 내용이다). 이 초자아는 회귀적 방식으로 유머 작업 과정에 적극적으로 개입한다. 이렇게 본다면 유머는 자아의 만족을 목적으로 하지 않는다. 자아 이상은 순수하게 '이드'를 만족시킬 목적으로 코믹을 수행한다. 이렇게 해서 웃음이 유발되고 나면 초자아는 이것을 통제하거나 감독할 수 없다. 여기서 초자아는 그 어떤 역할도 할 수 없는 상태에 놓이며, 자아는 유아기의 자기도취적 만능 상태로 회귀하게 된다.

- 프로이트는 유머 작업이 외부의 개입이나 도움 없이도 주체의 내부에서 전개될 수 있다고 설명했다. 타인이 개입한다고 해서 달라지는 것은 없으며 쾌감이 증대되는 효과도 없다. 위트의 경우 제3자의 존재가 반드시 필요하고 제3자 없이는 위트 자체가 성립될 수 없는 점을 기억한다면, 유머와 위트 사이에 큰 차이가 있는 것을 알 수 있다.

유머는 무엇보다도 주체 자신의 자아도취적 쾌감을 위한 것이며, 따라서 자신의 정서를 이롭게 하는 데 주된 목적이 있다.

프로이트는 유머가 자아도취적 만족을 추구하는 과정에서 느끼는 위협과 불안에 의해 발생한다고 보았다. 베르주레는 이 사실을 다시 한 번 상기시키면서 유머의 목적은 같은 대상을 의외의 방식으로 다룸으로써 자아도취적 만족감을 고취하는 데 있다고 설명했다.

여기에는 또한 이차적 자기애의 승리와 쾌락주의의 승리가 있다.

공리성과 관련하여, 이러한 유머의 회귀는 베르주레의 말대로 자아와 자아 이상이 결탁된 형태로서 이해해야 할 것이다. 이는 흡사 원초적인 자기애의 승리를 축하하는 잔치를 연상시킨다.

결국 베르주레에게 유머는 항상 주체가 온갖 위험 사이를 헤쳐나가는 한 편의 비극과도 같다. 유머의 성공은 현실과 자기 방어의 표시로서 본능적 충동이 만족되었음을 뜻한다.

b) 장 기요맹

장 기요맹은 코믹과 기타 다른 웃음 형태에 관한 프로이트의 담론[91] (1905)이 다소 불분명하다고 보았다. 특히나 위트와 유머에 관해서는 이론적 근거가 모호하다는 점을 지적했다. 논리가 빈약하고 상세하지 않아서 이 주제에 관심을 갖는 학자로서는 불편함을 느끼지 않을 수 없다는 것이다.[92]

유머의 문제는 1927년에 다시 이론화되었기 때문에 기요맹의 지적에서 벗어날 수 있었다 해도 위트와 코믹의 경우에는 불완전하다는 비판에서 여전히 자유로울 수 없다.

다음은 기요맹의 논문에서 발췌한 문장이다. "이 연구는 완성도 있게 다루지 못한 웃음과 재담 문제의 전반을 제대로 파악하기 위한

---

91) Op. cit., Freud, "Wit and its Relation to the Unconscious," Chapter VII entitled "Wit and the various forms of the comic," pp. 730-73.

92) Op. cit., Guillaumin.

목적에서 1905년에 이루어졌다."

그는 충동에 관한 가장 최근의 이론과 제2공리성 이론에 비추어 코믹을 파악해보고자 했다. 즉, 과거에는 없었던 최신 이론의 관점에서 조명해보고자 한 것이다. 이러한 방식으로 유머의 다양한 형태가 어떤 공통점과 어떤 차이를 갖는지 구체적으로 밝히고자 했다. 연구의 가설로서 기요맹은 코믹의 모든 형태에서 볼 수 있는 공통된 특성 다섯 가지를 정리한 목록을 제시했다.

1. "코믹은 어떤 물리적 상황과 밀접하게 연결된 객관적 실체가 아니다. 코믹은 그것을 즐기는 사람 내부에 자리 잡은 정신내적 사건이다. 물론 코믹을 유발하는 객관적 상황이나 특수한 효과를 갖는 담론이 존재한다. 그러나 그것은 우연히 외부 상황이 맞아떨어진 경우거나 통계적으로 발생할 수 밖에 없는 빈도로 일어난 것일 뿐이다. 이런 것은 코믹 현상에 관해 그 어떤 깊이 있는 설명도 제공하지 못한다. 코믹은 관찰된 상황 자극이나 들려오는 말들을 받아들이는 방식에 따라 좌우된다. 코믹의 기원과 본질을 알아보고자 한다면 이런 차원에서 먼저 접근해야 할 것이다."

- 이 첫 번째 특성에 관해서는 몇 가지 부연 설명이 필요하다. 사실 코믹 현상을 그것을 향유하는 개인의 정신내적 차원에만 국한시키는 것은 기존 연구에서 볼 수 없었던 새로운 접근 방식이다. 우리는 사실 웃음 주체의 외부에서 웃음의 특징을 찾고 '고전적' 기법

목록과 불변의 테마들을 참고하는 데 익숙했다. 앙리 베르그송과 같은 몇몇 철학자들의 이론은 마치 교과서처럼 사용되었고, 인류학적, 민족지학적 탐구 역시 사회문화적 틀에서 코믹 현상을 잘 분석해주는 중요한 참고의 대상이었다.

이러한 상황에서 웃음을 정신내적 차원에서 파악하고자 하는 정신분석학적 접근은 기존 연구에 결핍되어 있는 자리를 메꾸는 중요한 역할을 담당했다.

사실 프로이트가 위트에 관해 논할 때 정신내적 차원을 언급하기는 했다. 그는 위트를 듣는 청중의 정신내적 조건과 코믹을 즐기는 구경꾼의 정신내적 조건의 중요성을 강조한 바 있다.

2. 기요맹이 제시한 두 번째 특성은 코믹 과정에서 나타나는 정신적 역동성에 관한 것이다.

"코믹한 느낌은 일종의 아바타가 되는 경험에서 생겨난다. 관객은 무의식적으로 어떤 상황과 감정에 휘말렸다가 금방 자신을 해방하는 데 성공한다. 잠시 동안 극적인 상황에 직면하여 순진한 만족감을 느끼는 이 경험에서 코믹한 느낌이 발생하는 것이다. 프로이트에 따르면, 정신내적 에너지는 극적인 몰입으로부터 빠져나와 정서적 안정 상태로 돌아가는 그 순간 쓸모 없게 된 에너지에 기인한다. 이 때문에 웃음이 터져 나오는 순간 필요 없는 에너지를 기꺼이 소모해 버리는 것이다."

• 이 에너지 배출이 안면-성대 근육을 통해 입을 벌리고 소리를 내는 방식으로 이루어지는 것은 결코 우연이 아닐 것이다. 특히나 비웃음과 조롱의 대상에 대해 벌린 입으로 급작스러운 소리를 내는 모습은 에너지가 배출되고 있다는 사실을 연상시키는 장면이 아닐 수 없다.

3. 기요맹이 제시한 세 번째 특징은 피해자(코믹 대상)와 가해자(관찰자, 코믹한 것에 대해 웃는 사람) 사이에 일어나는 상호작용에 지속적으로 등장하는 죽음 욕동과 공격 욕동의 역할에 관한 것이다.

그는 여기에서 전성기기적이고 구강기적이고 항문기적이며 요도 남근적인 요소의 우세함을 설명했다. 코믹의 상호작용은 본질적으로 가학적 대상관계의 특징을 보이며 상호작용의 과정은 일반적으로 퇴행적이다.

그에 따르면 코믹은 기본적으로 모든 형태(익살극, 말장난, 농담, 재담)에서 생존 욕동과 죽음 욕동 사이에 존재하는 갈등을 독특하게 풀어낸다. 여기에서 삶을 찬양하는 과장된 자아도취적 모방 웃음은 죽음에 저항하려는 자기 의지로 간주될 수 있다. 이에 비하면 성욕, 즉 리비도는 '피상적인' 요소일 뿐이다.

4. 네 번째는 프로이트가 『위트Wit』에서 분석한 것처럼 코믹 과정에서 필요한 제3자의 역할에 관한 것이다. 제3자(사람 또는 집단)에 대한

연구는 코믹 과정의 사회적 측면을 보여주며 그 정신내적 기능에 관해 의문을 제기한다. 이와 관련하여 기요맹은 다음 세 가지를 주요 기능으로 꼽았다.

- 제3자는 동일시의 초기 단계 이후 투사적 거리두기의 가능성을 보장하는 보증인이다.
- 제3자는 '피해자'의 투사적 배출 이후에 '가학적 가해자(또는 박해자)'와 입장을 공유하는 공모자로서 가해자 모두를 죄책감에서 해방시키는 역할을 한다.
- 제3자는 또한 웃음꾼에게 해방자의 지위를 부여하거나 자아도취적으로 자신을 해방자로 여긴다(집단 자아의 이상을 구현하는 리더).

기요맹은 제3자의 이 같은 여러 역할이 서로 앞다투어 제 중요성을 주장하지만, 가장 시급하면서도 가장 일반적인 역할은 첫 번째라고 말한다.

5. 다섯 번째 특징은 코믹의 신체적 표현으로서 웃음의 외적 구현에 관한 것이다. 기요맹은 일반적으로 웃음이 실행될 때 주체가 느끼는 세 가지 유형의 만족을 다음과 같이 구분했다. 긴장 해소의 쾌감/안면·성대 운동의 쾌감/ '폭발적 웃음'을 통해 코믹의 대상을 통제·관리한다는 사실이 주는 쾌감.

지금까지 장 기요맹이 제시한 코믹의 다섯 가지 특징을 살펴보았다. 그의 뛰어난 통찰력이 드러나는 이론 덕분에 학계는 웃음에 관한 유전적, 메타심리적 연구에서 큰 진전을 볼 수 있었다.

C) 유전적 관점

a) 르네 A. 스피츠

스피츠의 저서 『생애 첫 해, 대상관계의 정상적·비정상적 성장에 관한 정신분석적 연구The First Year of Life, A Psychoanalytic Study of Normal and Deviant Development of Object Relation』[93]는 웃음의 심리발생론적 조건을 설명한다. 그의 이론을 통해 우리는 유아의 초기 웃음과 웃음에 관여하는 운동 시스템, 웃을 때 나타나는 과도한 정신적 흥분, 원초적 자아, 구강 형성 등의 관계를 파악할 수 있다. 이 내용을 요약하여 설명하면 다음과 같다.

안면 모방이자 감정 표현의 수단인 웃음은 자기 방어와 정신 에너지의 통제를 원하는 '신체적 자아'에 의해 의도적으로 수행되는 행위로 간주될 수 있다. 엄마와 아이의 놀이에는 웃음을 자극하는 외부 자극이 많은데, 웃음은 이러한 외부 자극으로 발생하는 정신적 흥분 상태에 반응한다. 이때 웃음은 안면·호흡 운동 루트를 통해 방출

93) Op. cit., Spitz.

되며, '항상성의 원칙'에 따라 긴장을 감소시킨다. 따라서 정신과 육체는 쾌감과 함께 다시 안정된 상태를 회복하며 긴장을 이완시킨다.

또한 웃음의 운동 패턴이 가장 우선적으로 구강과 관계가 있다는 사실은 주목할 만한 점이다. 구강은 종의 생존에 필수적 기능을 담당하는 지각의 요람이자 체내화의 거점이며, 따라서 계통발생론적으로 중요한 의미를 갖는 신체 기관이다. 웃음 운동이 여기서 시작된다는 것은 순전히 우연일까? 그렇지 않다. 제2장에서 설명한 바와 같이, 웃음은 구강이 지배적인 역할을 하는 안면 모방의 자연사에서 발생한 것이기 때문이다. 웃을 때 입을 벌리는 것은 정신내적 측면에서 이중의 목적을 가지고 있는 것으로 보인다. 하나는 치아를 드러냄으로써 표현되는 체내화 또는 내사의 목적을 위한 것이고, 또 하나는 발성으로 나타나는 배출의 목적을 위한 것으로 생각할 수 있다. 이와 같이 구강은 계통발생학적으로나 개체발생학적으로 다양한 기능이 있음이 분명하다. 또한 웃음에 의해 주체는 복잡한 쾌감을 얻는다. 이때 웃음은 자아가 정신을 통제하고 있다는 사실, 운동 체계로부터 에너지가 배출되고 있다는 사실을 보여준다. 무엇보다 중요한 것은 자아가 주체의 정신을 통제하는 데 성공했다는 사실을 입증한다는 점이다.

스피츠와 윌리엄 E. 블래츠의 말을 인용해보자. "웃음은(미소도 여기에 해당될 수 있다) 딜레마에 갇힌 인간의 긴장 상태를 해결하기 위한 목적으로 수행되는 운동 메커니즘이라고 볼 수 있다. 여기서 인간이 겪는 긴장은 자아의 정신 제어와 그 밖의 다른 자아의 행위들에 따라 상태의 변화를 일으킨다… 웃음은 자아를 위해 일하는 하나의 운동 작용이다."

앞에서 말한 웃음은 사실 매우 특별한 정신 상태와 관련이 있는 특정 유형의 웃음을 설명한 것이다.

그러나 어린이의 성장과 발육 단계에서 나타나는 웃음은 이와는 다른 흥분 상황과 관련되어 있다.

b) 『안녕 쾌감 : 아동기 쾌감과 웃음의 기원』[94)]

1986년 3월 파리에서 육아전문가협회가 주관한 제14회 과학의 날 행사가 열렸다. 당시 주최측의 M. 술레Soulé 교수는 오랫동안 학계의 주목을 받지 못했던 아동기 쾌감과 웃음이라는 주제를 중요하게 다루어볼 것을 제안했다. 이 논의에 참여한 학자들 중에는 주최자인 M. 술레 교수를 비롯하여 버트런드 크래머, D. 스턴, L. 크라이슬러, F. P. 에스파사, R. 퓌위엘로, B. 골스 등이 있었다.

제목에서 알 수 있듯이, 이들이 토론한 내용은 웃음에 관한 유전적 관점, 웃음과 쾌감의 연관성에 그 초점이 맞추어졌다. L. 크라이슬러[95)]는 웃음이 쾌감 및 통제 욕구와 관련되어 있다고 보았다. 그는

94) Hello gaiety, the genesis of laughter in young children

95) L. Kreisler, "Notations sur le corps de l'enfant dans la gaieté, l'indifférence et la dépression," in op. cit., Centre de guidance infantile de l'Institut de puériculture de Paris, Bonjour gaieté: la genèse du rire et de la gaité du jeune enfant.

웃음을 유발하는 많은 상황에서 공통적으로 신체적 또는 지적 통제의 실패가 나타난다고 지적했다. 또한 프랑스의 '간지럽히기le coucou ou la petite b ête'(손가락으로 벌레가 기어가는 것처럼 간지럽게 하는 놀이)와 같은 놀이들도 웃음 특유의 운동 루트를 통해 심리적 흥분을 웃음으로 배출하도록 한다. 이렇게 정신적 통제 상태는 '다행스럽게' 회복된다. 여기서 웃음은 과도한 정신적 흥분 상태를 통제하기 위해 수행되는 안면·음성 운동이라고 볼 수 있다. 어쩌면 자아의 흥분을 방어하기 위한 방편일 수도 있다. 웃음이 발생하면서 주체는 복잡한 쾌감을 느끼게 되는데, 이는 정신 에너지를 성공적으로 통제했다는 사실에서 오는 쾌감이기도 하고 단순히 운동 기능을 수행하는 과정에서 오는 쾌감이기도 하다.

여기서 잠시 『카카부댕(caca-boudin: 똥자루) 또는 일반 강박적 외설증 : 쾌감 !』이라는 책을 통해 M. 술레가 들려주는 흥미로운 이야기로 들어가보자.[96] 이것은 3~5세의 프랑스 어린이들에게서 거의 자동적으로 웃음을 유발하는 언어 이야기 놀이인데, 이 놀이에서 술레는 본질적으로 현상학적, 기능적, 심리역동적인 언어의 코믹한 특징을 관찰했다. 이 놀이에서 우리는 감정과 표현의 농축 현상을 발견할 수 있다. 아직 검열을 모르는 아동의 솔직한 감정과 표현이 전의식

96) Translator's note. The talk was entitled: "Caca-boudin ou la coprolalie ordinaire: la joie assur ée !" "Caca-boudin" was translated in chapter II as "icky poo" Taken separately "caca" is the child' s word for feces, while boudin is a French sausage that may be black or white.

차원에서 표출되는 것이다. 이 과정은 경제성의 원칙을 입증한다. '카카부댕' 놀이에서 항문애anality는 '놀랍도록 안정적인' 유사성을 보이며 구순애orality와 나란히 나타난다. 이것은 또한 남근적 표상(흑색 또는 백색 음경)과 연결되어 있다. 또한 "카카부댕 놀이는 두 단계의 가학성을 포함하는데, 하나는 항문-가학이며 다른 하나는 구강-가학(서로 잡아먹는)이다. 카카부댕 놀이는 두 가지 가학 형태가 유발할 수 있는 불안을 쫓는 일종의 주술적 힘을 가지고 있다." 우리는 이 놀이에서 언어 유희의 핵심적 기능 하나를 발견한다. 그것은 바로 고통스러운 감정을 통제하는 기능으로, 과도한 자기방어 요소들을 연상시키는 놀이 기법을 통해 고통스러운 감정을 제어하는 것이다. 달리 말하면, 수동성을 능동성으로 전환시키고 불쾌한 감정을 유쾌한 감정으로 전환시키는 것이다.

다음은 언스트 크리스의 학위 논문에서 찾아낸 내용이다. 크리스는 카카부댕 놀이가 '복잡한' 몇 가지 쾌감을 가져다준다고 주장했다.

- 놀이에 수반되는 쾌감으로서 불쾌감, 특히 항문기 상태와 관련된 원초적 불안감을 제어하는 쾌감
- 높은 표현 가치를 지닌 언어 조작에서 얻는 쾌감
- 초자아에 불순종하는 쾌감
- 감정 표현이 자유로운 음란한 언어로 성욕을 표현하는 쾌감

술레의 글을 인용해보자. "이런 유형의 놀이가 원활하게 이루어지는가의 여부는 아이와 가족의 정신건강 상태를 나타내는 좋은 지표가 된다. 아이가 이 놀이에 참여한다는 사실은 이 아이가 이제부터 자신의 원초적 공포를 통제할 수 있고, 더 이상 이야기의 내용을 두려워하지 않으며, 그 내용을 다른 사람에게 말할 줄 안다는 것을 뜻한다. 또한 아이가 풍부한 성적 욕구를 해소하기 위해 언어 유희 등의 방법으로 충분히 퇴행할 능력이 있다는 것을 보여준다. 다시 말해서, 자신이 느끼는 공포심과 불안을 언어 유희로 승화시킬 수 있다는 말이다."

프로이트가 유머에 관해 설명한 이론에서도 유사한 내용을 찾아볼 수 있다.

3. 종합적 결론

웃음과 우스운 것에 관한 정신분석학 문헌 고찰을 끝내며, 우리는 이 주제와 몇 가지 키워드를 그 관련성에 따라 정리해볼 수 있었다.

여러 학자의 논문을 면밀히 검토한 결과로서 우리는 다음과 같은 목록을 제안한다.

• 우스운 것

– 아동기(아동기의 언어 능력, 상징 놀이, 불안감을 유발하는 본능적 심리 갈등)

– 쾌감이 일상적으로 지배하는 기분

– 자기 통제의 실패(신체적, 정서적, 언어적, 지적 측면)

– 병적인 수준의 자기방어를 포함한 자기방어 메커니즘

– 합의 형성 능력

– 전성기기성 및 오이디푸스 삼각관계(전오이디푸스 환상과 오이디푸스 환상)

– 공격 욕구

• 웃음

– 신체운동 체계

– 구강

– 불안감

– 자기 통제

– 일상적 쾌감

– 병적 자기방어

– 복잡한 쾌감

– 초자아에 저항하는 불순종, 배반

– 자아도취적 승리

– 생존 욕동과 죽음 욕동의 변증법적 관계

이 내용은 웃음에 관해 메타심리적으로(경제성, 역동성, 공리성) 접근

했던 학자들과 유전적 관점에서(무의지, 의지, 언어 개그, 비언어 개그, 혼합 개그, 코믹, 위트, 유머) 접근했던 학자들이 이미 직·간접적으로 확인한 것이다. 그럼에도 우리는 정신분석학적 연구가 다시 한 번 유전적, 경제적, 역동적, 공리적 측면 등을 종합적으로 살펴보는 작업이 매우 유용하다고 본다. 따라서 이 작업은 앞으로 이루어지리라 믿어 의심치 않는다. 이 책에서는 문헌 연구의 결과로 얻은 종합적인 견해를 밝히는 간단한 작업에 만족하도록 하겠다.

우스운 것은 '코믹일 수도 있고, 아닐 수도' 있다. 코믹이 아닌 것의 웃음 유발은 배출될 준비가 되어 있는 잠재적 정신흥분 상태와 관련이 있다. 뚜렷한 소재 없이도 이것은 가능하며, 단지 소리와 표정을 통해 외부로 드러나는 웃음이 가져다주는 어떤 개인적 성취감과 자아도취적 승리감만으로 충분하다. 코믹에 해당하는 개그는 의도적인 것일 수도 있고, 아닐 수도 있다. 비의도적인 개그에서 웃음꾼은 타인에게서 비의도적인 개그를 발견하면, 이를 자기 통제(지적, 언어적, 정서적, 신체적)의 실패로 해석하고 자신의 심리적 안정 상태와 비교한다. 이 비교는 이미 메타심리적 차원에서 동일시와 비동일시를 구분한다는 것을 뜻한다. 웃음은 우스운 대상의 가치 저하를 통해 웃는 주체에게 자기 통제적 쾌감과 자아도취적 승리감을 느끼게 해준다. 그 내용이 질적으로 어떻든지 간에, 또한 그것이 재치든, 유머든, 패러디든 상관 없이, 의도적 코믹은 외부 실제와 내부 실제 사이에 존재하는 제3의 영역에 있는 듯하다. 두 실제가 개입하는 경험의 중간 영역, 이것은 두 실제를 연결하기도 하고 분리하기도 하는 주체에게 일종의 휴식 공간을 제공한다. 이것은 놀이의 영역이며 문화적 체험 영역이자 환영이 존재하는 영역이다.

D. W. 위니코트[97]는 다음과 같이 기술하고 있다. "실제를 수용하는 과정은 인간에게 숙명처럼 지워진 끝없는 과제다. 내부 실제와 외부 실제를 연결시키는 이 작업은 막대한 긴장을 초래하며 어떤 인간도 이 긴장에서 자유로울 수 없다. 그러나 이 두 실제와 갈등을 일으키지 않는 중간 영역(예술, 종교 등)이 존재하며 중간 영역은 앞서 말한 긴장을 완화시킨다. 이 중간 영역은 어린아이가 놀이에 취해 '길을 잃을 것만 같은' 놀이 영역의 연장선상에 있다."

여기서 말하는 중간 영역은 어린아이 자신의 상징 놀이나 욕망이 만들어낸 환상을 모델로 하는 심리사회적 행위의 공간일 수 있다. 이러한 행위에서 우리는 자기 방어적 성격을 볼 수 있다. 병적인 자기 방어뿐 아니라 수동적 위치에서 능동적 위치로의 전환, 불쾌감에서 쾌감으로의 이동, 내부 위험을 외부 세계에 투사하는 것, 가해자 식별과 같은 현상들이 일어난다. 이 같은 현상들을 통해 주체는 전능한 느낌, 자아도취적 승리감, 대상을 통제하는 쾌감을 느낀다. 이것은 베르주레가 유머의 사례에서 설명한 것과 같이, 잠재적 수준에서 상징적으로 실현되는 욕망이 발현되는 것이라고 말할 수 있다.

---

97) Donald Woods Winnicott, Playing and Reality, New York: Tavistock/Routledge, 1971, p. 13.

• 본질적으로 자기 방어적이고 유희적인 웃음 행위는 초자아가 금지하는 내용과 '이드'의 욕동이 요구하는 바를 동시에 만족시킴으로써 놀라운 수준의 공모를 이루어낸다. 이 행위는 웃음 메시지의 소통과 사회 규범을 준수하는 데 필요한, 즉 자아 통제에 필요한 지적 해석 능력과 연결된 실제의 제약에 순응한다. 갈등에 의해 초래되는 정신적 불안과 긴장은 결국 해결되고 통제된다. 자기 방어, 감정 제어, 자아도취적 승리감 속에는 '쾌락 원칙을 넘어선' 쾌감의 승리가 있다.

• 욕동적 쾌감은 우선적으로 우스운 것 안에 있다. 여기서 인간은 잠재적 차원에서만 욕망을 실현한다. 관음증-노출증적 욕동은 언어적 표현이나 몸짓 모방을 통해, 즉 상징적인 방식으로만 충족된다.

• 웃음을 통한 의사소통은 개인적으로 이루어질 수도 있고 상호관계 속에서 이루어질 수도 있다. 웃음 소통은 사회적 틀 내에서 언어 표현을 통해 이루어지는데, 이 언어는 유아기로 퇴행한 듯한 성격을 띠고 있어서 자유로운 표현으로 가득 차 있다. 기요맹이 강조한 것처럼 이는 관찰자-청중의 표상 기능을 활성화시키고, 동일시-내사와 거리두기의 투사 움직임을 자극한다. 프로이트가 주장한 바를 다시 상기해보자. 위트를 하는 웃음꾼과 청중은 금지와 억압을 공유함으로써 정신적으로 강한 유대를 갖는 공모자가 된다. 웃

음의 의사소통이 성공했다면 그것은 개인과 개인, 또는 집단 내의 사회·문화적 차원의 합의를 기반으로 한 것이다. 이들은 자기 방어와 동일시, 거리두기의 투사 움직임을 공유하고 있으며, 갑작스럽게 해방된 에너지를 웃음의 방법으로 적절히 배출함으로써 에너지 소모의 경제성을 지켜낸다. 집단은 동일시를 돕는 역할을 하며 자기애를 안심시키고 죄의식에서 해방시키는 역할을 한다. 불안이나 억압으로 인한 불쾌감이든 아니면 다른 무엇이든, 정신 에너지의 경제성은 웃음꾼과 웃음 대상의 근본적인 경제 원리를 규정한다.

– 웃음을 발생시키는 정신 작용은 매우 복잡하다. 프로이트에 따르면, 우리는 집적되어 있던 정신 에너지가 갑자기 해방되어 그 수준이 상승할 때 웃음을 터뜨린다. 이것도 분명 웃음의 경제적 측면들 중 하나다. 내 생각에는, 좀 더 많은 요인들이 '압축'된 결과이며 웃음은 정신적 다의성을 내포한다.

• 웃음은 자아의 자기 통제를 위협하는 넘치는 정신 에너지를 해소시키는 신체 운동과 안면-호흡으로 이루어진다. 인체의 운동 체계는 어린이의 경우 정신을 통제하려는 자아(신체적 자아)의 기능에 예속되어 있다. 에너지 배출의 통로인 웃음은 정신 통제를 통해 얻는 자아의 쾌감을 나타낸다. 그리고 억압으로 인해 응축되어 있던 정신 에너지를 일소한다. 이것이 바로 웃음의 경제성이다.

• 웃음의 의사소통에 기여하는 동일시-투사와 거리 유지라고 하는 이중 장치의 관점에서, 웃음은 입을 벌리는 행동(동일시의 신체적 표현)을 통해 완벽하게 변증법을 실현한다. 음성 표현을 통해 내사와 투사를 실행하면서 내사된 유해한 대상을 반복적으로 추방한다. 그러나 소리를 내고 치아를 드러내면서 입을 벌리는 행위는 자기애의 확장을 표현하는 것일 수도 있다. 또한, 우울한 감정으로부터 자기를 방어하려는 표현일 수도 있다. 또 다른 면에서는 자아의 승리를 통해 갈등을 해결하기 위한 방책일 수도 있다. 자아의 승리는 자기애적 쾌감과 함께 일종의 '합의'를 조장하기 때문이다.

• 웃음은 이렇게 자기애의 승리와 자기 통제의 쾌감을 느끼게 하는 동시에 무언가를 씹을 준비가 된 치아를 노출함으로써 구강의 가학적인 쾌감을 나타내기도 한다. 이것은 물어뜯는 장난을 연상시키는 것으로, 인간 웃음의 계통발생적인 전조를 보이는 영장류 사회에서 관찰되는 안면 모방, 즉 '입을 벌린 편안한 안면 모습'과 연결된다.

이것은 웃음의 공격성을 암시하는 것으로, 의도적이든 아니든 웃음 자체가 내포하는 공격적 성향을 부인할 수는 없을 것이다. 끝으로 웃음은 '생존을 위한 본능적 몸부림'과도 같은 안면·음성 표현으로도 볼 수 있다. 정신과 의사이자 정신분석가인 레미 퓌위엘로는 웃음을 삶의 재채기라고 표현했다. 전염성으로 사회적 유대를 파괴하기도 하고 생성하기도 하는 재채기 같은 성격을 지닌 것으로 본 것이다.

- 이와 같이 웃음에는 아주 다양한 정신적 의미가 있다. 그 중 몇몇은 상황이나 조건에 따라 우선시될 수도 있다. 하지만 기본적으로는 경제적, 역동적, 편집증적, 성적, 전성기기적 의미들을 생각해 볼 수 있다. 웃음은 그 자체로 성욕을 만족시키는 구강 운동을 통해 원초적 쾌감을 발생시킨다. 그렇기 때문에 인간은 탐욕스럽게 웃음을 추구하고 우스운 것을 찾는다. 나의 결론은, 웃음은 안면-음성 의사소통으로서 우연히 일어나는 반사적 반응이 아니라 정교하게 만들어진 상징 체계이며, 따라서 웃음은 웃음 주체의 정신적 상태와 의도를 완벽하게 표현해낸다는 것이다.

4. 웃음의 생리에 관한 이론

이제부터는 주체의 정신내적 현상으로서의 웃음이 아닌, 사회·문화적 환경에서 발생되는 코믹과 웃음을 살펴볼 것이다. 사회·문화적 웃음을 파악하기 위해서는 근육과 자율신경의 움직임과는 전혀 다른 현상으로 접근해야 한다.

1. 웃음의 생산

웃음이라고 하는 특수한 행위를 발생시키는 요인을 알아보는 일은 매우 복잡한 문제다. 나는 정신, 대뇌, 운동 등 기본적인 세 단계를 검토하는 것으로 분석을 시작할 것이다. 마지막 운동의 단계는 다시 호흡, 인두, 후두, 발성, 그리고 안면 근육의 활동으로 나누어진다.

A) 정신내적 차원의 웃음 생산

정신내적 웃음 생산의 과정은 인지와 심리·정서의 시너지 작용을 말한다. 외부의 '중립적인' 정보·자극을 지각한 주체는 이 내용에 관한 정신적 표상을 갖는다. 이때 아주 복잡한 심리·정서 작용과 인지 작용을 통해 표상의 내용을 유쾌한 내용으로 인식하게 되면서 웃음을 터뜨린다.

- 인지적 측면에서 보면, 놀라움과 함께 부조화와 부조리를 식별하는 것은 특수한 인지 작용의 대상이 된다. 이 작용의 긍정적 결과는 성공적 표상 작용에 웃음이라고 하는 상을 준다.[98)]
- 앞서 이미 충분히 논의된 심리·정서적 측면에서 보면, 중립적 정신 표상은 사회적 게임과 상호작용의 틀 안에서 웃음을 유발할 수 있다. 사회적 상호작용은 필수적으로 동일시와 거리두기 투사의 이중 메커니즘을 통합한다. 이때 웃음 주체, 즉 관객의 내부에 억압되어 있던 유아기적 표상이 되살아나면서 주체는 정신 에너지의 경제를 구축하고, 복합적 쾌감을 느끼게 된다(안도, 관음·가학적 욕구의 상징적 만족, 초자아를 거역하는 쾌감, 고통을 제어하는 쾌감, 부조리를 인지한 후에 얻는 지적 통제의 쾌감).
- 이 모든 작용이, 웃음이 나오게 하는 즐겁고 호의적인 기분을 만들어내는 것이다.

B) 대뇌의 웃음 생산

코믹의 전환은 쾌감과 관련된 대뇌 자극기제를 만들어 웃음 생산에

98) Françoise Bariaud, La genèse de l'humour chez le jeune enfant, Paris: Presses Universitaires de France, 1983.

필요한 이중 프로그램을 운영한다. 쾌감-웃음의 연결 프로그램과 웃음의 운동 패턴 프로그램이 그것이다. 후자의 프로그램은 사회·문화적 조건이 허락할 때만 작동될 수 있다는 점을 기억해야 한다. 불리한 조건에서는 프로그램의 작동이 전체적으로 또는 부분적으로 중단된다. 또한 이중 프로그램은 대뇌피질, 전두엽, 측두엽과 대뇌 변연계(특히 암몬각, 대상회, 해마, 중격) 등의 사이에 일어나는 지속적인 상호작용을 수반한다.

대뇌가 웃음의 운동 프로그램을 실행하는 각각의 단계를 알아보자.

– 전두엽과 전전두엽은 이중 프로그램(웃음의 운동 패턴과 쾌감-웃음의 연결을 관리하는 프로그램)을 제어하는 조직이다.
– 시상하부는 다양한 피질-피질하와 연수에 관한 정보를 통합하고, 특히 뇌 본체라 불리는 다른 반응기를 동기화하는 주요 조직이다. 피질에서 입력된 정보를 수용하여 관련 조직이 실행할 수 있도록 처리한다.
– 뇌의 망상체계에 위치한 '가상 조정자'와 함께 뇌 본체는 두개골의 모든 운동 결절 가운데 5, 7, 9, 10, 11, 12번 뇌신경에서 다중 시냅스(중추 신경계에 2개 이상의 시냅스를 함유)의 연결을 통해 웃음의 여러 운동 요소를 활성화시키고 조율한다.
– 신경계 중에서는 자율 신경계, 추체 신경계, 추체외로 신경계와 소

뇌 신경계의 운동에 주목할 필요가 있다.

- 신경 화학의 차원에서 보면, 중독성 웃음에 대한 연구와 쾌감의 화학 실험을 통해 얻은 결과는 우리에게 카테콜라민 시스템(도파민과 노르에피네프린)이 웃음 현상과 밀접한 관련이 있다는 사실을 알려준다.

C) 운동 및 발성 체계

웃음의 신체 운동과 발성은 안면 모방 및 동시 발성을 생산하는 여러 기관의 시너지 활동이다.

a) 안면근육 활동

웃음에 관여하는 주요한 안면 피부 근육은 다음과 같다.

- 광대뼈 주변 근육
- 협근
- 소근(입꼬리 당김근)
- 콧구멍 확장근
- 안륜근(특히 눈밑 애교살)

b) 호흡(M. 르코크, W. F. 프라이와 C. 헤이더의 연구)[99]

웃음은 호흡 과정 중 날숨에서 발생한다. 이때 흉곽 전체를 움직이기 위해 늑골간근 근육이 사용되는데, 정상적인 호흡 때보다 훨씬 더 많이 사용된다. 또한 복부를 아래로 미는 배근의 강력한 수축에 의해 횡경막이 위로 밀려 올라간다.

프라이와 헤이더에 따르면, 웃음은 호흡이 잠시 멈춘 동안 날숨이 큰 폭으로 증가하면서 시작된다. 그런 다음, 폐를 더욱 많이 비우는 데 기여하는 짧은 경련적 들숨-날숨(매우 짧은 주기)에 의해 웃음이 유지된다. 웃음은 호흡이 잠시 멈추는 짧은 순간 바로 다음에 이어지는 깊은 들숨으로 끝난다.

c) 인두후두 작용(M. 르코크의 연구)[100]

웃음 과정에서 성대는 빠른 외전-내전 움직임을 일으키는데, 이는 횡경막 근육의 움직임과 동시에 일어난다. 이 움직임으로 인해 인두후두도 활성화되며, 인두후두의 움직임은 수직 및 전후 방향으로 나타나면서 발성을 수행한다. 이들은 연구개음 운동과 동시에 이루어지며 연부구개 및 구개인두가 경련적으로 움직인다. 들숨마다 비인강鼻咽腔이 열린다.

---

99) W. F. Fry, and C. Rader, "The respiratory components of mirthful laughter," Journal of Biological Psychology 19, 1977, pp. 39-50.

100) Op. cit., Lecoq, Chapter 11.

2. 동시 연속적 근육 운동과 신경식물학적 현상

웃음이 특수한 근육 운동을 수반하는 한편, 웃음에 개입하지 않는 다음 근육들은 이완되는 움직임을 보인다.

- 머리는 앞뒤로 흔들리면서 수직적 위치를 더 이상 유지하지 않거나 아예 뒤로 젖혀질 수 있다.
- 손은 펴질 수 있다.
- 다리는 힘이 풀리면서 주저앉게 될 수 있다.

일반적으로 힘이 풀리는 현상에는 괄약근도 포함되는 경우가 많다. 자율신경계가 웃음에 의해 자극을 받으면 교감신경계를 활성화시켜 안면 혈관 확장, 눈물샘 분비 자극, 심장박동 증가 등의 현상을 초래한다. 그리고 부교감신경계의 지속적인 자극은 심장박동을 느리게 하고 혈압을 낮춘다. 이와 함께 폐 환기, 근육 이완과 장내 연동운동, 타액 및 위산 분비를 증가시키고, 기관지를 확장시킨다. 웃음은 또한 대뇌 엔도르핀을 분비시켜 고통을 완화한다.

웃음은 정신적 쾌감을 표현하는 안면·음성 표현이며, 웃음이 생산되는 과정에서 유익한 생리적 반응을 일으킴으로써 신체적 쾌감도 발생시킨다. 따라서 인간은 웃음 재생산을 추구한다. 이처럼 우리는 웃음이 발성을 수반하는 단순한 안면모방을 넘어선 무엇이라는 사실을 알 수 있다. 오랫동안 사람들은 웃음을 하찮은 것으로 여겨왔다. 그러나 이제 그런 생각은 구식이라는 비난을 면치 못한다.

웃음에 대한 행동학적, 병리학적, 정신분석학적, 생리학적 접근 방법의 연구를 마치면서 우리는 이전에는 풀 수 없었던 웃음의 실타래를 풀기 시작했다. 다음 장에서는 실험실과 병원을 떠나 집단의 사회·문화적 환경 속에서 웃음을 살펴보도록 하자.

Ⅳ

웃음에 관한 사회·문화적 고찰

1. 서론

장 뒤비뇨는 『인간의 특성』[101] 에서 인류학자들이 이방 민족의 웃음을 연구할 때 취하는 태도와 연구 방식에 관해 다음과 같이 기술한다.

"민족학자나 인류학자는 웃음에 거의 관심을 갖지 않는다. 아마도 그들은 공동체의 삶에서 웃음 또는 비웃음이 담당하는 역할이 크지 않고 중요하지도 않다고 판단하는 것 같다. 비웃음이 때때로 사회 지도층을 곤란하게 하는 것은 사실이다. 제도의 질서, 조직 내부의 논리 또는 관찰자의 명예에 누를 끼칠 수 있기 때문이다… 하지만 매일의 기록, 녹음된 대화, 사진, 영화 등은 끊임 없이 웃음을 터뜨리는 순간들을 보여준다. 이 순간들은 진지한 담론으로는 결코 남겨지지 않는다."

실제로 민족지학적인 또는 이론적인 인류학 문헌들은 각 사회의 웃음 현상에 관해서는 거의 아무런 정보도 담론도 제공하지 않는 듯

101) Jean Duvignuad, Le propre de l'homme: Histoires du rire et de la dérision, Paris: Hachette, 1985, p. 19.

하다. 이들에게 웃음, 우스운 것, 코믹, 유머는 말 그대로 연구할 만한 가치가 있는 '진지한 주제'가 아닌 것이다. 하지만 역시 그렇기 때문에 이 연구들의 내용은 재미가 없다! 사회 생활의 소소한 사건들, 짓궂은 장난, 농담 등은 민족학자들에게 전혀 흥미로운 주제가 아니었다. 이들이 우선시한 영역은 친족 관계, 경제, 정치, 이념이며, 이들이 열심을 보이는 작업은 물질 문명을 기술하는 일이었다. 이에 관해 장 뒤비뇨의 말을 인용해보자.

"사회 규범, 단체의 기능, 사고방식, 사회 조직 등은 분명히 사회의 안정, 보존, 구성원들의 응집력 등을 보여주는 중요한 열쇠들이다. 그러나 이것들은 실제 그 사회를 살고 있는 남자와 여자들이 어떻게 사회의 통제를 받아들이고 견디며 또는 우회하거나 왜곡하는지에 관해서는 아무것도 설명해주지 못한다. 사회 규범은 눈에 보이든 보이지 않든 그 문화를 정의하는 중요한 요소인데도 말이다. 우리는 살아있는 주체들이 어떤 방식으로 그들의 사회를 살아가는지에 대해서는 아무것도 알지 못한다… 가장 양호한 경우에 주변적이라거나 특이하다는 표현(잘 이해하지 못하는 현상들을 일컫는 표현이다)과 함께 몇 가지 사례가 소개될 뿐이다. 그러나 이러한 제한적인 사례들을 본다고 해서 여가, 기대, 놀이, 열정 등과 같은 존재의 쓸모 없는 순간들을 이해할 수 있는 것은 아니다… 단지 탐구의 대상이 되지 못한 미지의 영역을 잠시 엿보게 할 뿐이다. 웃음이 바로 이 미지의 영역에 속하지 않겠는가?"[102]

웃음을 포함한 인간 경험의 '미지의 영역'은 많은 궁금증을 불러일으킨다. 다시 말해 각 집단의 일상 또는 사회생활의 경계를 정하는 문제, 사회 조직, 기능, 긍정적이거나 부정적인 규범의 지배를 받는 복잡 다양한 관습, 문화적·역사적으로 정의되는 표상 체계, 사회의 여러 영역이 맺고 있는 관계 등에 의문을 갖게 한다.

이와 같은 배경에서 우리는 웃음을 둘러싼 인류학적 문제 의식이 매우 빈약하다는 판단을 내릴 수 밖에 없다. 하지만 만약 우리가 머리말에서 소개한 바와 같이 기본적 이론의 틀로서 웃음을 하나의 의사소통 체계로 보는 방식을 고수한다면, 즉 쾌감, 공격성, 불안 등의 감정적 메시지를 나타내는 안면·음성 소통으로 정의하는 방식을 고수한다면, 웃음을 한 사회 집단의 특수한 의사소통 체계로 이해하는 것도 역시 가능해진다. 일단 여기까지 합의한다면, 어느 사회집단에든 적용할 수 있는 매우 기초적인 몇몇 질문을 제기할 수 있다. 누가 웃는가? 어떻게 웃는가? 왜 웃는가? 언제 어디서 웃는가? 무엇에 대해 웃는가? 누구와 함께 웃는가? 누가 웃게 만드는가? 관찰할 수 있는 모든 사실을 이렇게 간단한 질문의 형태로 만들어 놓으면, 이제 우리는 역사적·지리적 사회 집단들의 고전적인 민족지학적 문

102) Ibid., pp.14-15

헌들을 좀 더 효율적으로 검토할 수 있다. 앞으로 살펴볼 귀중한 민족지학적 문헌들은 이제 웃음의 사회와 문화적 기호 체계를 밝혀줄 가설을 세우는 데 큰 도움을 줄 것이며, 이론적으로 분석하고 종합하는 데 유용한 자료가 될 것이다.

2. 웃음과 관련된 다양한 민족의 역사

1. 서론

나는 고민 끝에 지리적으로 뚜렷이 구분되는 민족 집단의 다양한 사회상을 비교하는 문헌을 선택했다. 아메리카 대륙의 경우에는 이미 연구된 내용이 있어 우선적으로 살펴보기로 했다. 아메리카 대륙에 관해서 우리는 다음 자료들을 검토해보고자 한다.

- 클로드 레비스트로스(인류사회학자, 1908~2009)의 『슬픈 열대』[103], 브라질 아마존 유역의 남비콰라족의 사회 및 가족의 생활상
- 피에르 클라스트르, 파라과이 과야키족의 생활[104]
- 돈 탈라예스바, 호피족의 사회상과 특징적인 광대 문화(『호피족의 태양』)[105]

---

103) Claude Lévi-Strauss, Tristes Tropiques, tr. John and Doreen Weightman, New York: Penguin Books, 1992.

104) Pierre Clastres, Chronicle of the Guayaki Indians, tr. Paul Auster, New York: Zone Books, 1998.

105) Don Talayesva, Sun Chief, the Autobiography of a Hopi Indian, New Haven: Yale University Press, 1942.

• 아프리카의 경우, 특수 문헌으로 분류되는 아프리카 어린이의 웃음에 관한 프랑수아 에리티에-오제의 연구 외에도 콜린 턴불의 연구를 참고하려고 한다. 인류학자 콜린 턴불은 우간다 북동부 이크족의 웃음 유형을 연구했다. 당시 이크족은 기아 때문에 존재 자체가 큰 위협을 받고 있었고, 이로 인해 사회 전체가 큰 혼란에 빠져 있었다. 생존이 위협받고 있을 때 사람은 대체 무엇으로 웃을 수 있는 것일까?

2. 아메리카 대륙의 웃음

A) 남비콰라족

나의 호기심을 가장 크게 자극했던 집단이다. 레비스트로스는 "그 사회는 전통을 고수하는 퇴화된 사회로서, 우리가 상상할 수 있는 가장 후진적인 정치 조직과 사회 조직을 유지하고 있었다"[106]고 기록하고 있다. 이 반유목민들은 브라질 중부 지역에 부족 단위로 무리 지어 살고 있었다.

• 그곳에 머무르는 동안 레비스트로스는 23명이 여섯 가족을 이루

106) Op. cit., Levi-Strauss, p. 316.

고 있는 부족의 무리 가운데 섞여 살았다. 그 부족의 족장은 세 명의 아내와 십대의 딸을 둔 가장이었다. 나머지 가족들은 모두 부부와 한두 명의 자녀로 구성되어 있었다. 그들은 서로 친족 관계에 있었으며, 질녀(여동생의 딸)나 고종 사촌과 자녀를 결혼시키는 풍습이 있었다. 그렇기 때문에 태어날 때부터 이미 결혼이 예정된 사촌들은 서로를 신랑/신부라 불렀다. 반면, 친사촌 또는 이종사촌은 형제/자매라 불렀으며 결혼이 금지되어 있었다.

- 사회는 두 가지 경제권으로 유지되었다. 남자는 사냥을 하고 논밭을 일구며, 여자는 수렵과 채집을 한다. 이런 방식으로 부부는 하나의 경제단위를 형성하여 안정된 생활을 할 수 있었다.
- 남비콰라족 언어로 족장은 우일리칸데(통합시키는 사람 또는 결합시키는 사람)라고 한다. 부족민들의 합의로 추대된 사람이 족장의 권력을 갖고 부족의 규범을 집행한다. 그러나 강제할 수 있는 권한은 없다. 따라서 족장은 다른 부족민들의 모범이 되어야 한다. 족장은 권력이 있지만 관대해야 한다. 많은 의무에 대한 보상으로 여러 아내를 둘 수 있다. 족장과 부족민들은 끊임없이 타협하며 힘의 균형을 맞추고 권한, 봉사, 의무 등을 조율한다.
- 족장의 의무 중에는 관대함을 보여야 하는 것과 뛰어난 노래 실력과 춤 실력을 갖춰야 하는 것이 있다. 족장은 늘 무리를 즐겁게 하고 웃음을 줄 준비가 되어 있는, 그래서 일상의 지루함에서 벗어나게 해주는 '유쾌한 이웃'이어야 한다.

- 부족은 또 다시 더 작은 단위의 사회로 세분화된다.
  - 남자들은 사냥, 농사, 세공품 제작, 활과 화살 제작, 악기 제작을 담당한다.
  - 여자들은 육아, 요리, 수렵, 채집, 생활 공예품 제작을 담당한다.
  - 어린아이들은 젖을 뗄 때까지 엄마의 보살핌을 받는다. 이후에 여자아이들은 비슷한 조건의 동성 친구끼리 무리를 형성하여 지내는 반면, 사내아이들은 집단을 형성하지 않고 자유롭게 지내는 경향이 있다.
- 부족의 삶에서 빼놓을 수 없는 가축으로는 개, 닭, 원숭이, 앵무새가 있고, 이들은 부족 내에서 특별한 위상과 기능을 가지고 있다.
- 남비콰라족의 일상은 웃음으로 점철되어 있는 것처럼 보였다. 가사나 공예품 제작을 담당한 여성들의 대화에서 우리는 농담과 웃음을 끊임 없이 들을 수 있다. "이들은 항상 즐겁고 유쾌하다. 이들의 농담에는 종종 음란하거나 외설적인 말들이 나오는데, 이러한 농담에 큰 웃음이 터지곤 한다."[107)]
- 엄마와 아이의 관계에서 우리는 매우 다정다감한 모성애를 볼 수 있다. 엄마는 아이의 웃음을 유발하는 유쾌한 상호작용을 즐긴다. "젊은 엄마는 손바닥으로 아이의 등을 부드럽게 두드리면서 놀이를 한다. 그러면 아이는 웃기 시작하고 엄마는 아이가 울 때까지

---

107) Op. cit., Levi-Strauss, p. 316.

점점 더 세게 등을 두드린다. 아이가 울기 시작하면 동작을 멈추고 아이를 달랜다."[108)]

- 소녀들의 또래 집단도 매우 유쾌한 놀이를 하며 시간을 보낸다. 때로는 어린아이들과도 농담을 하며 웃고 즐긴다.
- 사내아이들의 유일한 놀이 형태는 격투기와 달리기인데, 때로는 가축들과 겨루는 놀이도 한다.
- 어른들은 '미래의 부부'로 예정된 사촌지간의 아이들을 지켜보며 흐뭇해한다.
- 레비스트로스가 쓴 글을 인용해보자. "연애는 부족민들의 가장 큰 관심과 호기심을 끄는 주제다. 이들은 연애에 대해 끊임없이 이야기하고 싶어하며, 집에서 나누는 그들의 대화는 연애에 대한 암시와 풍자로 가득 차 있다."[109)]
  - 커플들은 공개적인 사랑 놀이를 하며 사람들을 웃게 한다.
  - 앞서 언급했듯이 남비콰라족은 가축을 가족처럼 여기며 가축들과 매우 친밀한 관계를 맺으며 살아간다. 자녀들을 대하듯이 가축들에게도 온갖 애정을 쏟는다. 개는 사냥에 이용하기 위한 실리적 이유에서 키우는 반면에 닭, 원숭이, 앵무새 등은 순전히 함께 지내는 기쁨을 위해 돌본다. 부족민들에게 이 가축들은 유흥과 오락이며 웃음을 주는 존재다.

108) Ibid., p. 281.
109) Ibid., p. 285

이렇듯 남비콰라족에게 웃음은 일상이다. 의지적인 것일 수도 있고 무의식적인 것일 수도 있으나 조작된 것은 아니며, 일종의 '미학'을 만드는 요소다. 족장의 임무와 가축들의 역할은 부족 집단을 즐겁게 하며 웃음을 선사한다. 오락을 즐기는 맥락은 바로 웃음을 만들고 퍼뜨리는 시공간적 사회환경 자체다. 부족의 연대를 강화시켜주는 휴식의 시간도 마찬가지로 사회환경 자체를 이루고 있다. 웃음은 정신적 안정, 사회적 유대감과 결속력을 강화시킨다. 성행위는 웃음 메시지의 주요한 주제다. 레비스트로스는 이와 관련하여 표현 양식이나 웃음의 신체 기법 등을 기술했으나 우리는 여기서 세부 내용을 다루지는 않을 것이다.

지금까지 살펴본 사실들에서 우리는 과연 웃음의 형태와 정치, 경제, 사회 구조 등의 후진성 사이에 어떤 상관 관계가 있다고 볼 수 있을까? 다시 말해서, 미개한 물질 문명과 웃음 형태에 어떤 관계가 있다고 보는 것이 과연 타당한 것일까? 이 질문에 답을 하기 전에, 피에르 클라스트르의 『과야키 인디언족에 관한 연대기Chronicle of Guayaki Indians』[110]에 수록되어 있는 과야키족의 사회상을 살펴볼 필요가 있다.

110) Op. cit., Clastres.

B) 과야키족

- 이 종족은 파라과이의 유목민들로서 20~25명씩 부족을 이루어 사냥과 채집으로 살아가는 사람들이다. 이들은 해마다 6월이면 벌꿀 축제를 위해 한 캠프에 모여 지낸다. 이러한 방식으로 부족은 결속력을 다진다. 그들의 정치, 경제, 사회 구조는 남비콰라족과 매우 유사하다.
- 남자는 자신의 정체성을 사냥꾼으로만 규정하며, 자신이 사냥꾼이 되지 못한다면 남자가 아니라고 생각한다. "남성성은 오직 화살을 쏘는 행동으로만 발현된다."[111] 남자가 사냥을 하지 않으면, 집단은 그를 진정한 남자로 인정하지 않으며 존중하지 않는다.
- 여성은 수렵과 채집을 담당하기 때문에 바구니는 여성성의 상징이 되었다. 이 종족에게는 다음과 같은 공식이 가능하다.

  남자 = 사냥 = 활

  여자 = 수렵 = 바구니
- 어른들은 성행위에 지대한 관심을 가지고 있으며, 어린아이들(키부추, kybuchu) 앞에서도 성행위(메노, meno)에 관해 서슴없이 이야기한다. 그들은 연인들과 나눈 성행위의 모험담과 경험을 스스럼없이 이야기하고, 그것을 누구라도 듣고 웃을 수 있는 농담의 소재로 삼는다.[112]

---

111) Ibid., p. 279, 281.
112) Ibid., p. 202.

아이들은 어른들의 말과 행동을 지켜보며 노는 것을 즐거워한다.

– 웃음의 소재와 웃음

- 성행위에 관한 것은 아이들에게 금기시되기 때문에 아이들은 어른들의 사적인 성생활을 엿보며 대리만족을 느낀다.
- 또한 남녀 사이와 부부 사이에서 애무가 포함된 성적 놀이를 관찰할 수 있는데, 사람들은 이 놀이를 하며 웃고 즐긴다.
- 웃음의 주요 소재인 성행위와는 별개로 어른 아이 할 것 없이 모두에게 웃음을 주는 또 다른 소재로는 사회적 규범에 대한 심리사회적 일탈이 있다. 남성성은 사냥과 연결되어 있고 여성성은 바구니에 물건을 수집하는 행동과 연결되어 있는 사회에서, 사냥을 하지 않고 바구니를 드는 남자는 일탈 행위자로 간주되어 조롱과 멸시를 당한다. 클라스트르는 과야키족 무리와 함께 지내는 동안 이러한 부류의 사람들을 목격했다.
- 아체이(6월 말) 벌꿀 축제와 신년 축제 : "이 축제는 부족의 결속을 다지고 다른 부족 사람들과 동맹을 확인하고 서로의 여인들을 교환하는 시간이다. 기혼자들에게는 새로운 연애를 즐길 수 있는 기회이며 축제 기간 내내 '집단적 광기'가 느껴지는 웃음 소리와 함께 각종 놀이가 벌어진다." 축제는 다음과 같은 여러 단계로 구성되어 있다.

  – 축제는 격렬한 의식으로 시작된다. 가짜 전쟁을 선포하고 이어서 화해의 의식을 치른다(키바이 kyvai: 간지럼). "전사戰士들은 두

사람씩 짝을 지어 서로 팔짱을 끼고 손가락으로 상대방의 겨드랑이를 간질인다. 이것은 누가 더 오래 간지럼 고문을 견디는가를 겨루는 경기다. 상대방을 고문하기를 거부하는 것도 키바이 의식의 또 다른 기능이다. 이를 거부하는 두 남자 사이에는 우정이 싹트거나, 이미 친구 사이인 경우에는 우정이 돈독해진다. 키바이 의식이 행해지는 동안 여자들은 의식을 기념하는 노래를 부르고 남자들은 사냥의 업적을 찬양하는 노래를 부른다. 사람들은 고함을 지르고 웃음을 터뜨린다. 또한 온갖 산해진미를 먹으며 즐긴다. 이 자리에 함께한 모두가 친구이고, 여자들은 아름답다… 사람들은 너무 행복해서 웃는다… 다음 날 그들은 프로아proaa를 차지할 것이다."[113] 프로아는 유럽의 누에콩과 비슷한 콩 종류다. '프로아 마타proaa mata' 게임에서 남자나 여자는 이 콩 한 톨을 자신의 겨드랑이에 넣거나 주먹에 쥔다. 그러고는 상대방의 간지럼을 태워서 겨드랑이나 손에 쥔 콩을 떨어뜨리게 하는 게임이다. 간지럼을 못 견디는 사람은 진다. 승자는 의기양양하게 콩을 공중으로 던진다. 모든 어른은 콩을 가진 사람을 간질인다. 종족의 사람들은 내내 한자리에 모여 이렇게 콩을 가지고 논다. 이 시간에 사람들은 연인을 찾기도 한다. 벌꿀 축제는 신체 접촉의 금기를 잠시 잊고 쾌락을 누리는 신체의 축제이며,

113) Ibid., p. 229.

매년 개최된다. 공격성은 연대로 바뀌고, 간지럼이라는 '규범화된' 공격에서 우정이 싹튼다(이런 의미에서 간지럼은 양면성을 지닌 멋진 관례가 아닐 수 없다).

- 피에르 클라스트르의 『과야키 인디언족에 관한 연대기』의 독해를 마무리하면서 나는 앞서 살펴본 내용들을 종합하여 요약해보고자 한다. 웃음은 의지적인 행위든 아니든 과야키족의 일상이며 자주 놀이의 형태로 나타난다. 이는 존재론적으로 각각 다른 범주에 속해 있는 개인들, 즉 남/녀, 아이/어른, 소년/소녀 간의 유대를 강화시킨다. 성행위와 사회적 일탈은 웃음의 주요 소재들이다.
- 웃음의 대상이 되는 사회적 일탈은 집단으로 하여금 사회 규범을 따르도록 유도하는 효과를 지닌다. 웃음이 효과적인 사회 통제의 수단이 되는 것이다
- 남비콰라족과는 달리 과야키족 사회에서는 웃음을 생산하는 새롭고 특수한 사회·문화적 시공간이 존재하는데, 이것은 바로 이들의 축제 문화다. 축제의 규칙이 금기사항을 깨뜨리도록 하는 내용으로 이루어진 특이한 축제로서, 이 축제 기간에 사람들은 간지럼과 '프로아 마타'라는 놀이를 통해 눈에 띄는 방법으로 신체접촉 금기를 타파하고 에로틱한 신체 접촉을 허용한다. 그들은 또한 공격적인 놀이를 통해 우정을 확인한다.

C) 호피족

a) 호피족의 웃음을 이해하는 데 필요한 배경 지식

호피족은 북아메리카 푸에블로Pueblos 인디언을 대표하는 종족이다. 현재는 미국 남서부에 위치한 애리조나주 북동부에 자리 잡고 있으며 10여 개의 부락을 이루고 있다. 이들은 씨족 단위로 흩어져 있으며 모계 사회의 관습에 따라 기혼 남자는 처가에 산다. 호피족의 제신祭神, 즉 이 종족이 믿는 신들의 질서는 매우 복잡하다. 먼저 가장 위대한 신인 태양신이 있고 그 밑에 비를 주관하는 구름신이 있는데, 구름신은 보통 조상들과 동일시된다. 또한 '카치나스Katcinas'라 불리는 특별한 신들이 있다. 이들은 선조의 초자연적 협력자가 환생한 신성한 사람들이다. 이들은 연중 여섯 달에서 아홉 달 가량을 마을에 머물며 가면을 쓴 채 거의 매일 어른들과 아이들을 위해 춤을 춘다. 이들은 12월에 마을로 들어와 니만Niman 댄스(카치나스가 마을에 머무는 동안 개최되는 축제)가 끝나는 7월에 마을을 떠난다.

b) 웃음의 소재와 웃음

탈라예스바의 자서전은 웃음과 관련된 다양한 사건과 상황을 소개한다. 나는 이론적 분석을 위해 가장 대표적인 이야기 하나를 선택했다.

- 아동기 어린이에게서 우리는 웃음이 발생하는 세 가지 유형의 관계를 관찰할 수 있다. 어른-아이, 아이-아이, 아이-동물이 그것이

다. 이 관계에서 쾌활한 상호작용이 일어날 때 여러 종류의 웃음이 발생한다. 그 상호작용이란 농담과 짓궂은 장난의 형태를 띤다. 웃음을 발생시키는 상호작용의 세 유형을 간략하게 살펴보자.

- 어른들은 자주 남자아이의 '고추'를 간지럼 태워서 웃게 하거나 울게 한다. 돈 탈라예스바는 이렇게 기록한다.

  "내가 네댓 살 때 할아버지, 고모, 아버지의 고종 사촌들의 남편들까지 모든 집안 어른이 내 고추를 움켜쥐고 거세 위협을 하면서 장난을 쳤다. 거세를 하지 않으면 내 고모인 그들의 여자를 범할지도 모른다는 핑계를 대면서 고추를 떼어내는 흉내를 냈다. 여인들은 나를 '귀염둥이'라고 부르며 보호해주었고, '그거 나한테 던져'라고 말하며 손으로 받는 시늉을 했다. 여인들과 노는 것은 재미있었지만 어른 남자들이 거세하겠다며 위협하는 장난은 무서웠다. 그것이 그저 장난일 뿐이라는 걸 알기까지는 오랜 시간이 걸렸다."[114]
- 또래 아이들 사이에서 짓궂은 농담은 아주 빈번하게 일어난다. "경주에서 아이들이 나를 따돌렸다. 내가 달릴 때 항문을 꽉 조여서 발이 멀리 나갔다고 말하며 놀려댔다."[115]
- 아이들이 동물과 함께 활발하게 노는 것도 매우 흔히 있는 일이다.

114) Op. cit., Talayesva, p. 40.
115) Ibid., p. 69.

"우리는 장난 삼아 닭을 쫓기 위해 옥수수대를 던지고 장난감 화살을 쏘기도 했다. 닭싸움을 시키며 즐거워하기도 했다. 가끔은 개나 고양이와 놀면서 싸우게 하기도 했다…"

- 어른들은 매우 자유롭게 성적인 장난을 치고 농담을 한다. 성행위에 관한 농담은 사람들을 즐겁게 하기도 하지만, 동시에 다른 사람(남자, 여자, 부부, 친구, 낯선 사람, 일탈자)을 폄하하기도 하고, 특히 신성을 모독하기도 한다. 왜냐하면 성적인 이야기는 보통 조롱하는 농담에 등장하기 때문이다.
- 호피족 사회에는 웃음에 관한 두 가지의 분명한 제도적 틀이 존재한다.
  - 의례(부족 입회식, 결혼)와 관련된 축제
  - 카치나스와 광대의 희극 공연은 그 자체로 웃음 의식이 된다.

호피족의 웃음 문화에서 광대의 재담은 신성한 우주, 성, 다양한 불운, 불행, 남자와 여자, 이방인(나바호족, 코만치족, 파이우트족, 백인 등), 사회적 일탈, 동물 등을 소재로 삼는다. 그들은 우스운 대상을 폄하하기 위해 패러디와 성적 조롱을 자주 사용한다.

자서전의 저자는 회고하기를, 어릴 적에 마을 사람들은 아이들에게 이렇게 말하곤 했다. "춤과 축제는 놀기 위한 게 아니라 비를 기원하기 위한 거야. 춤을 추고 축제를 하면서 우리는 곡식 추수를 위한 물을 내려달라고 구름신들에게 비는 거야. 풍성한 비가 내릴 때마다 신들은 우리가 기뻐하는 모습을 보며 그들도 기뻐하거든…"

돈 탈라예스바는 광대가 되었다. 그는 다음과 같이 기술한다. "광대 노릇을 하면서 나는 사람들에게 농담을 할 수 있는 좋은 기회를 얻었다. 그들의 잘못된 행동을 비난하고, 심지어 그들에게 화풀이도 할 수 있었다. 광대는 거의 모든 것을 할 수 있고 말할 수 있었다. 왜냐하면 광대의 임무는 마을에서 신성시되었기 때문이다. 그래서 우리는 광대놀이를 통해 기독교인들을 조롱하곤 했다."[116)]

이제 아메리카 대륙을 떠나 아프리카 대륙으로 건너가보자.

3. 아프리카 대륙의 웃음

A) 북서부 아프리카

미셸 술레가 개최한 과학의 날 행사에서 프랑수아 에리티에-오제[117)] 가 발표한 내용을 잠시 살펴보자. 그는 아동기 웃음과 쾌감의 기원에 관해 설명했는데, 이는 그의 저서 『아프리카 어린이의 웃음은 어떻게 발달하는가?』에도 자세하게 설명되어 있는 내용이다. 그가 아프

116) Ibid., p. 280.

117) Françoise Héritier-Augé, "Fait-on rire les enfants en Afrique," Centre de guidance infantile de l'Institut de puériculture de Paris, Bonjour gaieté: la genèse du rire et de la gaitéu jeune enfant, Paris: Editions Sociales Françaises, 1987.

리카 어린이의 웃음에 영향을 미치는 사회와 가족의 상호작용을 어떻게 분석했는지 요약해보자.

- 아프리카에서 웃음은 종종 활력의 폭발적인 발현으로 인식된다. 2~3세경 젖 뗄 무렵까지 부모의 보호 아래 있는 아기는 연약하고 위험에 노출된 존재다. 아기는 웃음이나 혹은 다른 방법으로 자신을 표현하면 파괴적 욕망을 가진 이들의 주목을 받게 되며 조기에 사망할 위험성이 있다.
- 따라서 웃음은 부모-자식 간의 긍정적 상호작용처럼 여겨지지 않는다. 또한 아프리카 사회에서 이러한 부모-자식 간의 관계 유형은 존중과 거리감으로 특징지어지며, 이것은 조부모와 조손 사이의 관계나 동일한 세대 내에서는 잘 관찰되지 않는 특성이다. 물론 후자의 관계에도 일정한 위계질서는 존재하지만 이는 부모-자식 간의 거리감과는 다른 성격을 지닌다.

우리는 부모-자식 간, 조부모-조손 간 놀이에서 어떻게 어른이 아이의 웃음을 유발하는지 관찰했다. 즐겁고 쾌활한 상호작용을 하는 것은 관찰할 수 있지만, 웃음의 빈도는 낮은 편이며 쓰다듬기와 같은 신체적 접촉이나 언어소통이 훨씬 많았다. 이와 같은 부모-자식 간의 거리감은 아직 아이를 새 가족으로 여기지 않는다는 것을 뜻한다. 이에 관해 에리티에-오제는 다음과 같이 설명한다.

"아프리카 사람들은 죽은 조상이 아기를 통해 환생하거나 환생을 거절할 수 있다고 믿는다. 조상은 존경을 받아 마땅한 존재이며, 따라서 조상이 환생하여 다시 살 수 있도록 모든 노력을 기울여야 한다. 한 번 환생한 조상은 아이의 존재를 벗어날 수 없다. 따라서 아이가 어린 나이에 죽으면 사람들은 조상이 환생을 거부한 것으로 여기고, 아이에게 결함이 있는 것으로 생각한다."

이러한 맥락에서 부모는 아이를 대할 때 일종의 존경과 거리감을 가지고 대하는데, 이는 아이가 곧 조상이라고 생각하는 의식이 반영된 결과일 것이다.

3~4세가 되면 아이들은 부모의 품을 벗어나 또래 집단으로 들어간다. 이 또래 집단의 상호작용은 유희적인 면과 교육적인 면의 두 가지 특성을 보인다.

아이들은 함께 어울려 놀며 다투기도 하고 짓궂은 장난을 치기도 한다. 교육적 측면에서 아이들은 부모가 기대하는 사회 관습을 배우고 에티켓과 규율을 배운다. 따라서 또래 집단의 모든 상호작용은 어린이의 사회화에 중요한 영향을 미친다. 여기에는 조롱과 웃음을 통해 배우는 사회적 제제도 포함된다. 에리티에-오제의 글에서 가장 눈길을 끄는 대목은 사회 또는 가족의 상호작용에서 어린이가 주체적으로 참여하는 웃음 생산활동이 관찰된다는 점이다. 아프리카 사회에서 어린이는 웃음을 생산하거나 금지하며 또 확산시키는 역할을 한다.

B) 이크족의 웃음

이크족 사람들은 스스로를 '크와리키크'라고 부르는데, 이는 산에서 수렵과 채집으로 살아가는 유목민을 일컫는 말이다. 이크족은 제2차 세계대전 직전에 우간다 북동부 산악지대에 정착해 부족 단위로 살아가고 있다. 이들의 주요 사냥터는 오랫동안 모룬골레 산(이크족이 신성시하는 산) 기슭에 위치한 키데포 계곡이었다.

그러나 우간다 정부는 이크족의 경제권인 이 사냥터를 키데포밸리 국립공원으로 만들기로 하고 이크족을 강제로 이주시킨다. 이주한 땅은 척박했고, 따라서 자연 상태에서는 식량을 충당할 수 없는 곳이었다. 이크족은 식량을 얻기 위해 황량한 땅에서 '농사'를 지어야 했다.

콜린 턴불[118]은 1965년부터 1967년까지 이크족과 함께 지내며 이들이 겪은 정신적 충격과 사회·경제적 빈곤 상태를 관찰했다. 불신과 개인주의, 극단적인 공격성이 뒤섞여 가족 및 사회의 유대 관계는 악화되었고, 심지어 종교·제식 생활마저 상실되었다. 특히 어린

118) Colin M. Turnbull, The Mountain People, New York: Simon & Schuster, 1972.

이와 노인들에게 영향을 미치는 물질적 손실이 매우 심각했다. 기근으로 인해 모든 삶의 양식은 붕괴 위기에 놓여 있었다.

이크족의 사회 생활은 이제 오로지 식량을 구하는 것, 식량 획득에 유리한 새로운 가치 체계를 습득하는 것, 열악한 생존 조건에 적응하는 것으로만 점철되어 있었다. 그러나 놀랍게도 이 극한의 고통 속에서 이크족 사람들은 웃음을 잃지 않았고 웃음을 유발하는 상황들도 여전히 자주 벌어졌다. 농담의 주제로는 배고픔, 친절, 관용, 타인 폄하, 고통(심지어 자기 자신의 고통도 포함)이 있었고, 이방인들(이크족과 물물교환을 하는 이웃 도도족과 투르카나족, 소를 키우는 사람들)의 행동도 있었다. 남녀노소 사이에서 끊임 없이 우스운 대화가 이루어졌고, 심지어 이방인으로 취급받는 병약한 어린이와 노인, 여자들끼리도 농담을 주고받으며 웃었다.

턴불이 관찰한 이 놀라운 사실은 몇 가지 중요한 의미를 지닌다.

• 식량 부족과 건강 악화

"뭔가 이상한 일이 일어났을 때 나는 거리를 두려고 했다. 두 사람 중 연장자에게 악수를 청했을 때 그도 내 손을 잡아주었다. 손을 놓으려 했을 때 그가 내 손을 꽉 쥐는 바람에 나는 본의 아니게 그 사람을 땅바닥으로 떼밀게 되었다. 그는 체중이 30kg도 채 되지 않은 것처럼 보였다. 그는 마침내 내 손을 놓았고 힘없이 바닥에 쓰러졌지만 웃고 있었다. 나는 그를 부축하여 다시 앉을 수 있게 일으켜 세웠다. 그는 자신의 행동에 대해 사과하려는 듯 이렇게 말했다. "나는 사흘 동안 아무것도 먹지 못했습니다." 이 말을 하고서도 그와 그의 친구는 웃음을 터뜨렸다. 나는 이크족의 유머에 대해 더 많은 것을 배워야겠다고 생각했다."[119)]

• 아이가 다쳤을 때 엄마가 보이는 웃음

"아이가 걸음마를 배우기까지 엄마는 아이를 가죽끈으로 묶어 등에 업고 다닌다. 엄마가 먹을거리를 찾아 돌아다니다가 물가나 밭에 머무르게 되면 가죽끈을 느슨하게 풀고 아기를 땅바닥에 천천히 내려놓는데, 만약 내려놓다가 아이가 다치면 엄마는 웃음을 터뜨린다. 나는 이런 광경을 여러 번 목격했다."[120)]

• 노인들 때문에 웃는 아이들의 웃음

"한 번은 로크왐과 한 무리의 아이들이 롤림(늙은 제사장)을 둘러싸고 소리를 지르면서 조그만 돌멩이들을 롤림을 향해 던지는 것을 본 적이 있다. 그때 롤림은 자신을 보호하기 위해 몸을 장난감 공으로 감싸고 있었다."[121)]

우리는 이처럼 무질서하고 비극적인 사회·문화적 상황에서 나타나는 웃음을 어떻게 이해해야 할까? 그것은 어쩌면 가혹하고 고통스

---

119) Ibid., p. 49.
120) Ibid., p. 135.
121) Ibid., p. 206.

러운 생존 환경을 극복하고 있다는 성취감을 나타내는 신호일 수도 있다. 이를테면 어린아이나 노인처럼 약한 자들은 이 환경을 견디지 못하는 사람들의 무능력과 비교할 때 상대적인 만족을 느끼는 것이 아닐까? 즉, 이 웃음은 고통스러운 상황을 통제하는 데서 오는 승리의 웃음이자 계속되는 위험에서 자신을 지키고 있다는 자기애적 만족의 웃음일 것이다. 다른 한편, 이 웃음은 죽음과 물질적 손실에 대한 불안에 저항하는 자기 방어일 수도 있다. 지속적으로 생존을 위협하는 삶에서 연약할 수 밖에 없는 자신을 직면하여 이크족은, 특히 어린이와 노인은 웃음을 통해 살아있음을 확인하고 죽음을 부정하는 것이다. 쇠약한 노인을 조롱하는 것은 죽음에 대한 고통스러운 감정에서 자기를 방어하는 한 가지 방식일 수 있다. 웃음과 조롱은 이크족의 정신적 생존을 위한 심리사회적인 도구로 이해할 수 있다. 이크족이 사라질 것이라는 다수의 예측과는 달리, 20여 년의 고난의 세월이 흐른 1987년에도 이들은 생존해 있었다. 1965년에 턴불이 목격한 극심한 기근과 1973~1975년의 콜레라가 이크족을 위험에 빠뜨렸지만, 그들은 여전히 1천 명에서 2천 명 정도의 인구를 유지하고 있다. 이크족의 생활력은 이전보다 강해졌다. 웃음과 조롱의 힘이 멸종 위기에 처한 이크족의 정신적 생존을 지켜준 건 아니었을까?

3. 의사소통 체계로서의 '우스운 것-웃음'에 관하여

1. 서론

앞에서 살펴본 민족지학적 사실들은 여러 의문점을 남기기는 했지만, '민족지학적 문헌'의 권위를 인정받고 있기에 웃음에 관한 인류학적 연구에 중요하게 쓰이고 있다. 이 분야의 방법론을 구축하고자 하는 우리에게는 인류학적 문헌뿐 아니라 사회학, 심리·사회학, 역사학 문헌의 심도 있는 독해와 검토가 매우 중요하다는 점을 다시 한 번 밝힌다. 이와 동시에 나의 가설은 이 분야 연구의 이론적 기반을 마련하는 사회·문화적 접근의 한 예에 지나지 않는다.

- 한 집단의 사회환경 속에 나타나는 웃음을 연구하는 우리로서는 웃음을 문화 현상과 역사적 현상으로 먼저 정의하는 것이 필요하다. 시공간을 초월해 사람들은 지역마다 시대마다 같은 방식으로 웃지 않고 같은 소재로 웃지도 않는다. 사회마다 시대마다 고유의 웃음과 웃음의 소재가 있다. 그러나 이러한 가변적 성격 이면에는

웃음의 불변적 성격도 존재하는데, 민족지학적 사례를 보면 시공간적 조건에 상관 없이 변치 않는 웃음의 불변적 특징이 발견된다.

2. 의사소통 체계 '우스운 것-웃음'에 관하여

웃음은 기호화된 신체 기법으로서, 한 사회의 의사소통 체계와 문화적 해석 체계로 이해할 수 있다. 이 내용에 관한 명료한 소개를 위해 필자는 '디지털의 아버지'인 클로드 섀넌과 워런 위버의 의사소통 도식을 참조하고자 한다.[122] 먼저, 정신분석학자 D. W. 위니코트가 정의한 제3영역의 의사소통 체계는 두 극단極端을 포함한다. 정신내적/구상적 극과 현상학적/표상적 극단이 그것이다. 이 가운데 '유머'는 정신내적 극단에 속하며, '코믹'은 표상적 극단에 속하는 요소라고 볼 수 있다.

- 의사소통 체계 '우스운 것-웃음'은 우스운 메시지를 생성하여 전달하는 발신자와 그 메시지를 받고 웃음(안면-음성 소통)으로 반응하는 수신자 사이에서 작동한다. 이때 수신자는 집단 내에서 타인의 웃음을 유발하는 자극제가 된다. 그는 또한 발신자에 대해 긍정적이거나 부정적인 피드백을 행사하는 역할도 담당한다. 발신자와

122) Claude E. Shannon and Warren Weaver, The Mathematical Theory of Communication, Champaign IL: University of Illinois Press, 1998, p. 7.

수신자가 동일 인물일 수 있다는 사실도 기억해야 할 점이다.

우스운 것의 메시지는 여러 소통 경로를 통해 전달되며, 이 과정에는 여러 감각 기관(시각, 청각, 촉각, 드물게는 후각과 미각)이 이용된다. 웃음 메시지를 전달하는 '감각 기관의 전달 활동'을 살펴보자.

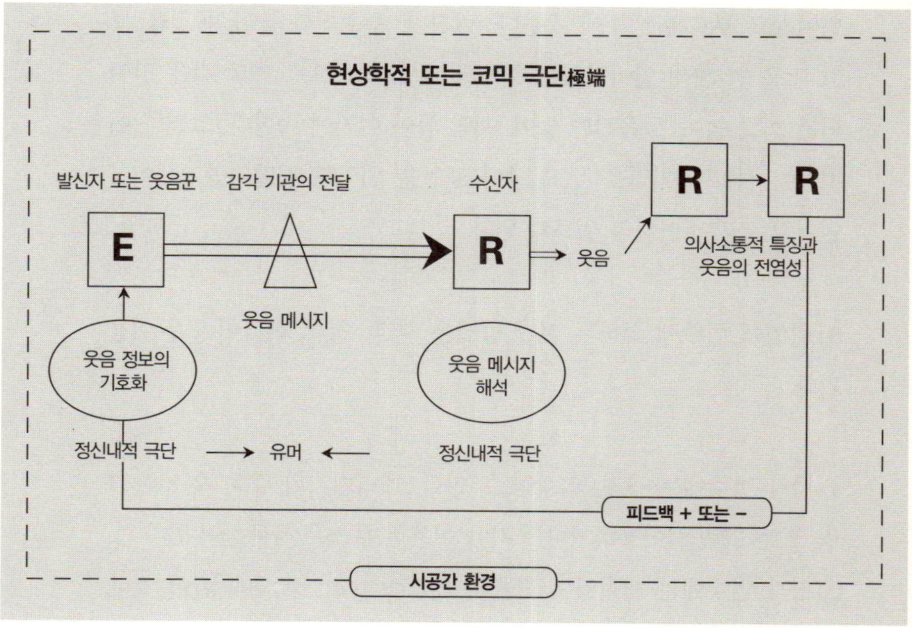

'우스운 것-웃음' 의사소통이 이루어지는 위니코트의 제3영역 또는 환상 영역

3. 웃음 메시지를 전달하는 감각 기관의 활동

감각 기관의 활동 가운데 언어 범주, 비언어 범주, 언어·비언어 혼합 범주를 구분하여 살펴보도록 하겠다.

A) 언어 범주에 속하는 전달 방법은 글을 이용한 시각적 전달일 수도 있고, 말을 이용한 청각적 전달일 수도 있다. 이는 모두 언어적 코믹이라고 부르는 범주에 속한다. 말장난, 수수께끼 놀이, 몸짓을 보고 말을 한 자씩 알아맞히는 제스처 게임, 역순으로 해도 같은 말이 되는 회문 놀이, 두음전환 놀이, 재담 등이 여기에 속한다. 그러나 이것들이 사고에 기반을 두고 단어 표현을 위주로 전달되면 더 이상 언어적 코믹이 아니라 위트가 된다.

B) 비언어 범주에 속하는 전달 방법은 시각, 청각, 촉각이 모두 이용된다.

a) 시각 범주에는 몸짓, 익살극, 무언극, 캐리커처와 같은 우스운 그림, 또는 그림을 이용하거나 조각을 이용한 우스운 사물들이 있다.
b) 청각 범주에는 재미있는 선율의 음악(모차르트, 에릭 사티 등)이 있다. 딸꾹질, 방귀, 트림과 같이 예상치 못했던 '신체 기관'의 소리, 이야기의 내용과 맞지 않는 톤이나 강도의 음성, 복화술사의 언어 운용도

여기에 속한다.

c) 촉각 범주에는 간지럼 태우기를 비롯한 각종 피부접촉 놀이가 포함된다.

C) 혼합 범주는 언어와 비언어 범주를 모두 포함하며, 코믹한 상황과 코믹한 특징을 연결하는 모든 행위가 여기에 속한다.

4. 시공간 환경

웃음 의사소통은 사회·문화적으로 특별한 시공간 속에서 이루어지며, 이 환경 조건은 '웃음의 성소聖所' 형태로 제도화될 수 있다.

A) 웃음의 '성소'

웃음의 '성소'란 규범에 따라 허용된 자유로운 웃음을 인정하는 예외적 시공간이 마련된다는 말이다.

a) 축제

사회 생활 중 구성원들의 감정이 가장 절정에 달하는 계기가 된다. 과거 '원시' 농경사회의 연례 축제를 떠올려보자. 사람들은 겨울이 지나고 봄이 오는 것을 축하하기 위해 거창한 의식(특수 의상, 춤, 다산을 기원하는 노래, 유흥으로 끝을 맺는 농담 등의 의식)을 행하곤 했다.

또한 권력 집단에 의해 제도화된 축제도 있었는데, 반역을 극화하여 '반법反法' 의식을 치르는 등 법과 규율을 준수하도록 하기 위한 목적에서 각종 의식들이 행해졌다. 고대 사회는 이러한 권력과 축제의 메커니즘을 많이 활용했다.

- 바빌론 사카이야 연례 축제에서는 가짜 왕을 내세우는 신분 반전극 의식이 치러졌다. 행사 중 첩들과 함께 난교 또는 음란 행위를 한 군주 역할을 맡은 노예를 십자가에 매달거나 교수형에 처했다. 이에 관해 조르주 발랑디에는 다음과 같이 말한다.

  "이같이 해방된 권력은 거짓 권력이다. 축제는 무질서를 극으로 보여줌으로써 사실상 질서를 회복해야 한다는 필요성을 강조하고 있다. 이를 위해 말썽꾼을 처형하는 과장된 제스처를 취한다. 이 의식은 거짓 왕이 제물로 바쳐지면서 끝난다."[123]
- 그리스 크로니아 축제(연례 축제)
- 바카스 축제(바카스를 기리는 축제로 농담과 축하주가 특징이다)와 로마 농신제
- 중세에는 기독교 마을에서 크리스마스와 '왕의 향연' 사이에 '바보들의 향연'이 존재했는데, 사람들은 주교나 교황 또는 바보 왕의 선출을 풍자하며 즐겼다. 이 축제는 평범한 방법으로 반전을 꾀한다.

---

123) Georges Balandier, Le pouvoir sur scènes, Paris: Balland, 1980.

대중적 축제에서 교회는 자주 유쾌한 공격의 대상이 되었다. 대중에게 표현의 자유가 허용된 축제의 사례로 카니발, 장터 축제 등이 있다.

b) 놀이 문화

놀이는 두 번째로 중요한 제도화된 소통 수단이다. 어지럽게 하는 놀이(썰매, 그네타기), 소용돌이 놀이(회전목마, 경주), 가공(모방-위장), 시합(스포츠), 행운이나 성적 놀이(예컨대 과야키 인디언들이 벌꿀 축제 기간에 하는 간지럼 시합) 등은 축제가 있는 곳이면 어김없이 등장하는 놀이들이다. 놀이를 하는 동안 사람들은 웃음을 터뜨리고 퍼뜨림으로써 경쟁에서 승리(개인 또는 단체)한 기쁨을 표현한다. 그렇게 함으로써 상대에 대한 우월감을 만끽한다. 사람들은 명랑한 상호작용을 통해 서로를 조롱하며 즐거워한다.

c) 각종 의식은 세 번째로 중요한 의사소통 수단이었다.

특정 종교의식은 패러디의 대상이 될 수 있었다(호피족, 주니족 같은 푸에블로 인디언의 신성한 광대).

- 통과의례(생일, 사춘기, 결혼, 죽음 등과 같은 '기존의 상태에서 다른 상태로' 통과하는 것을 기리는 의식)도 놀이, 농담, 웃음이 가득한 축제와 유사한 성격을 보인다. 돈 탈라예스바는 저서 『호피족의 태양』에서 부족 입

회식과 결혼식 사례를 자세히 소개하고 있다.

• 웃음을 이용한 치료 의식들도 존재한다.

d) 코믹 극장(직접적인 웃음 소통)은 고대로부터 아리스토파네스, 플라우투스, 테렌스 등의 희극을 선보이며 웃음의 신전이 되었다. 훨씬 나중에 코메디아 델라르테(16~17세기 이탈리아에서 성행한 희극), 골도니, 몰리에르의 희극이 상연되었고, 더 최근의 공연작으로는 라비슈, 페이도, 쿠르틀린의 희극이 있다.

e) 위에 소개한 내용과는 문화적으로 이질적인 환경이지만, 푸에블로 인디언인 호피족의 신성한 광대놀이 댄스도 같은 맥락에서 비교해볼 수 있을 것이다.

f) 광대놀이 서커스, 카바레 가수들과 이야기꾼들이 벌이는 뮤직 홀 쇼, 서서 하는 코미디, 판토마임, 흉내 내기, 복화술 공연과 같은 것들도 빼놓을 수 없다.

g) 영화관과 텔레비전은 최근에 등장한 간접소통 매체들이다. 찰리 채플린, 버스터 키튼, 로렐과 하디, 마르크스 형제, 타티 등은 보기 드문 위대한 웃음의 고전으로 꼽을 수 있다.

h) 끝으로 문학을 생각해볼 수 있는데, 전통 사회에서 신화, 설화 같은 구두 형식의 문학과 만화, 풍자 신문, 소설과 같이 지면을 활용한 문학이 있다.

코믹 신화와 경우, 북아메리카 사람들의 집단적 상상력은 코믹한 형태로 사회와 정치를 비판하는 사기꾼 캐릭터를 창조해냈다. 아프리카 역시 그들의 신화와 설화를 이용하여 떠들썩하고 우스운 현실을 풍자한다. 사실 특정 신화에는 신성한 사기꾼이라 불리는 레그바가 등장하여 신과 인간 사이의 중재자 역할을 한다. 레그바는 소통의 신으로서 자신의 무례함을 사회 질서와 대립시킨다. 그는 속임수를 쓰고, 장난을 치며, 혼란을 일으킨다. 그는 웃음을 유발하는 교활한 신이다.

B) 비제도권 환경

몇몇 비제도권 환경도 장난, 농담, 익살, 웃음과 같은 소통을 하는데, 사교 모임과 가족 모임은 식사 형식으로 축제의 성격을 띠기도 한다.

- 일상의 사회 활동(근무 또는 레저)은 개인들을 동일하거나 다른 존재론적 범주(사람·애완동물, 남자·여자, 성인·아동, 권력자·일반인)에 소속시킨다. 이러한 일상의 질서를 벗어나게 하는 농담과 부조리는 확실한 웃음을 보장한다.

- 가족은 원활한 상호작용을 위해 농담과 웃음을 활용한다. 특정 친족 집단 사이에서는 친근한 농담과 조롱, 심지어 모욕조차도 일상적으로 행해진다. 이는 존재론적으로 다른 범주(아프리카 대륙 아이들의 웃음 참조)에 속한 사람들 사이의 존경이나 거리감과 대비된다.

C) 금지된 환경

공동묘지나 사원처럼 문화적으로 특별히 결정된 상황에서는 웃음이 금지될 수도 있다.

5. 발신자

발신자의 발신 행위는 의도적일 수도 있고 비의도적일 수도 있다.

A) 비의도적인 '웃음꾼'은 우스운 것에 대한 지식이 없을 수도 있다.

이들의 개그는 인간에 관한 것일 수도 있고, '의인화된' 동물을 대상으로 할 수도 있다. 특정 상황에서 수행하는 모방 몸짓, 행동, 말투, 성격은 그들의 비의도적인 부조리(모순)나 무능, 신체적 결함, 언어, 행동, 지적·감정 통제로 인해 웃음을 자아낼 수 있다.

B) 웃음을 의도적으로 유발하는 사람들

이 사람들은 일상 생활에서 자신의 재능을 행사할 기회가 있을 때마다 웃음을 유발하는 아마추어(재담꾼, 장난꾼, 조롱꾼, 재치 있는 사람)들이다.

- 전문가들도 있다. 이 경우 우리는 그들을 코미디언이라 부른다. 그들은 세심한 준비와 기술을 통해 아마추어의 개그와 구별되는 '심미적 개그'를 생산한다.

이제부터 몇몇 코미디언에 관해 살펴보자. 다음 내용에서 우리는 이들이 특수한 사회적 지위와 역할을 수행한다는 것을 확인할 수 있다.

a) 어릿광대

- 종교의식에 등장하는 어릿광대

  이들은 북아메리카와 중부 아메리카에 위치한 사회에 많이 존재한다. 이들의 주요 임무는 아이러니, 패러디, 규율 위반자 흉내 등이다. 이들은 못된 장난을 신성시하기도 하고, 가장 엄격한 의식을 조롱의 대상으로 만들기도 한다.

- 가내 어릿광대

  과거 페르시아, 이집트, 그리스, 로마에도 어릿광대들이 있었는데,

이들은 주로 부잣집이나 권력자들에게 고용되어 식사를 하는 동안에 사람들을 웃겼으며, 중세 시대에는 귀족들의 집과 교회에서 광대의 일을 맡았다.

- 궁정 어릿광대

  이들은 왕과 왕자의 시종 뒤를 따라다녔다. 정치 기관의 심장부에서 늘 가까운 자리에 있었지만, 본질적인 면에서 정치인들과 달랐다. 14세기까지 어릿광대는 특별한 지위를 갖지 못했다. 조르주 발랑디에의 설명에 의하면, 어릿광대와 왕자는 극과 극의 한 쌍으로서 힘과 조롱, 행운과 불행의 대립을 통해 권력을 과시하는 효과를 보였다. 어릿광대는 익살과 재담을 통해 모든 것을 말하고 무엇이든 할 수 있는 특권을 누렸다.

- 공공 어릿광대

  공공 광대는 위의 광대들과는 다른 모습을 보여주지만, 그 기능은 겹칠 수도 있다. 이들은 또한 직업 배우이기도 했다.

b)서커스 링, 무대, TV, 영화 화면은 숨겨진 것을 밝히기 위해 과장과 익살을 사용해 사회의 전반적인 상식을 뒤집는 캐릭터를 보여준다.

- 그들은 광대(영어 익살극의 배우, 서커스 어릿광대), 희극 코미디언(극장·영화관), 뮤직 홀 아티스트일 뿐만 아니라 재미있는 설화의 이야기꾼이기도 하다.

c) 풍자 만화가, 풍자 작가도 기억하자.

6. 수신자(들), 즉 웃는 사람(들)

모든 안면모방 표현이 그러하듯, 수신자의 웃음도 집단의 규범을 따른다. 각 사회는 주제(나이, 성별, 사회적 지위에 따른), 사회·문화적 환경, 우스운 대상, 의도, 발신자(나이, 성별, 사회적 지위에 따른) 등의 내용에 따라 웃음을 허용하거나 금지한다.

웃음에 대한 사회의 통제는 전통적인 표현 체계와 가치 체계를 기반으로 이루어지기 때문에 새로운 의미로 즐거움을 생산하는 활동을 방해할 수 있고, 이는 사회를 '보수적'으로 만드는 결과를 낳는다. 예의 바른 웃음, 당황한 웃음, 유혹하는 웃음을 사례로 이야기해보자. 이 웃음의 기법은 각 사회 집단이 확립해놓은 문화적 규범과 안면-음성 표현 방식에 좌우된다. 이 기법은 즐거움을 표현하는 데도 쓰이지만, 해당 사회 구성원들에 의해 채택된 문화 콘텐츠 내에서 생생하고 다양하고 새로운 의미를 담는 '웃음 모방'을 개발하는 데도 유용하게 쓰인다. 웃음 기법은 이렇게 '사회화된' 웃음을 생산하면서 보편 웃음의 문화적 기호화에 참여하는 것이다.

웃음의 사회적 기능을 파악하고자 한다면, 사회를 구성하고 있는 다른 요소들과 함께 고려하는 것이 필요하다. 그러나 여기에서는 우선 기능들 가운데 일부를 따로 정리해보기로 하겠다.

- 사회의 결속력에 의해 발생하는 개인의 안정감과 쾌감의 표현
- 일탈과 개성에 대한 상징적 제재 : 사회 풍속을 통제하는 매우 효과적인 수단이 된다.
- 다른 사람에 대한 공격을 금지하는 사회의 감시 체계를 피하는 방법
- 예의
- 불안에 대한 자기방어 수단
- 사회적 배제의 수단
- 유혹의 수단

7. 웃음의 소재와 기술

A) 웃음 생산은 한 사회의 복잡한 표상, 신앙, 가치 체계의 영향을 강하게 받는다. 어떤 의미에서 웃음은 사회 체계가 권장하는 규범과 금지 내용을 기호화한 것으로 볼 수 있다. 발신자와 수신자는 당연히 이 기호 체계를 공유하고 있다. 사회는 일반적으로 죽음, 조상, 질병, 불행(문화적으로 정의된)과 관련된 내용에 대한 웃음을 금지하는 반면에 이방인, 언어 등에 관한 개그는 자유롭게 허용하는 편이다. 소재는 다양하고 가변적이라 할지라도 모든 소재가 공통적으로 지니는 불변적 특성을 찾는 것은 가능하다.

실제로 웃음의 소재는 인간의 모든 활동, 생산물, 성격에 이르기

까지 미치지 못하는 곳이 없을 정도이며, 사회의 위계질서, 제도, 관습, 규칙, 가치, 기능 원리는 물론, '의인화된' 동물이나 사물의 활동과 개성까지 포함한다. 그러나 이 소재들의 불변적 특성은 다음과 같다.

- 웃는 집단 내의 이방인
- 집단 내에서 비정상 또는 괴짜로 여겨지는 사람
- 정치 권력, 사회 질서, 모든 관습
- 성적인 내용
- 언어

B) 이러한 소재들은 과장, 곡언법曲言法, 은유, 환유, 반복, 반전, 아이러니 등과 같은 수사학을 사용하여 놀이를 할 수 있는 장난감들이다.

또한 풍자시, 패러디, 성적 언어(음담패설)와 같이 대비 효과를 발휘하는 방법도 있다. 대상의 전복이나 조롱은 놀라움, 난센스, 부조리와 같은 인지적 효과로 이어질 뿐만 아니라 사회 부적응에 상징적 공격이나 비난으로도 이어진다. 여기에서 인간은 '기계화'되고, '사물화'되며, '동물화'된다. 역으로 사물이 '의인화'되기도 한다. 성인은 유아화되며, 아이는 성인화되며, 남자는 여자로, 여자는 남자로 변한다. 존재론적, 사회적 범주를 뒤바꾸는 것은 웃음을 유발하는 매우 효과적인 방법이다.

8. 웃음 의사소통의 기능

대다수 학자들은 유머의 사회적 소통 기능으로 다음 다섯 가지 유형을 꼽는다. 그 중 정신내적 기능에 해당하는 것은 세 가지가 있다.

- 첫 번째는 웃음의 대상을 격하시킴으로써 가학적 욕구를 상징적으로 충족시키는 기능이다. 이것은 자기애의 승리를 표현하는 것이기도 하다(공격적 유머).
- 두 번째는 음란한 유머를 언어적, 시각적 표현을 통해 과시하거나(노출증) 관음 욕구를 상징적으로 충족시키는 기능이다.
- 세 번째는 불안을 유발하는 실존의 문제와 이야기에 대해 자기를 방어하는 기능이다(블랙 유머와 자기 조롱).
- 네 번째는 지적 기능이다. 말장난과 부조리 등을 통해 이성적 논리와 규범을 위반하는 쾌감을 느끼게 한다.
- 끝으로, 다음과 같은 사회적 기능들이 있다.
  - '사회적 자기애'를 강화시킴으로써 이방인(들)을 배제시키는 기능
  - 사회 질서를 보호하는 규율을 유지, 강화시킴으로써 일탈을 배제하는 기능

• 정치와 사회 비판 기능
• 명성 획득 기능

우리는 여기에 '사회의 정신적 항상성恒常性' 개념을 추가하여 위의 내용을 보완하고자 한다. 웃음은 집단의 '정신적 항상성'을 유지시켜주는 도구로 기능한다. 모든 사회는(직접적으로 또는 상징적으로) 구성원들의 욕구를 충족시켜주면서 사회 전체의 정신적 균형을 유지하고자 한다. 그래서 평상시에는 금기시되는 욕구들을 해소하도록 허용하는 축제와 같은 시공간을 공식적으로 또는 비공식적으로 마련하는 것이다. 이 기회를 통해 사람들은 유아기의 언어를 회복하고, 웃음의 경제적 이득을 누린다.

이와 같이 웃음에는 다양한 형태, 다양한 기능, 그리고 다양한 의미가 있다. 웃음과 유희, 웃음과 규범 위반의 관계 또한 명백하게 드러난다. 이에 관해 에릭 블론델은 이렇게 말했다. "웃음과 놀이는 쾌감을 매개로 연결된다. 현실의 일시적 중지, 규범 위반, 새로운 규칙 개발, 자유, 유아기로의 회귀 등은 서로 밀접한 관련을 맺고 있다. 웃음은 무거운 일상의 틈새에서 태어난 달콤한 휴식이다."[124]

124) Eric Blondel, Le risible et le dérisoire, Paris: Presses Universitaires de France, 1988.

맺음말

지금까지 웃음에 관한 세 겹의 기호화(생물학적, 정신적, 사회·문화적)를 시도한 끝에 우리는 웃음에 대한 한 가지 새로운 이해를 얻었다. 이 주제에 환원주의적으로 접근한 과학 담론들과는 거리를 두기로 했던 초기 결정은 이제 와 생각하면 잘한 일이었다. 웃음이 인간 고유의 것이라는 생각, 의도적인 행위일 뿐만 아니라 건강의 지표이며 쾌감의 안면-음성 표현이라는 단순한 생각은 이제부터 시대에 뒤떨어진 것이라는 비난을 면치 못할 것이다.

놀랍도록 정교한 방식으로 생산되는 웃음은 다차원적 역사(계통발생, 개체발생, 문화 및 개인)의 산물이다. 따라서 놀이 및 웃음과 관계된 사회 요소들은 구조적 특징을 보인다.

구조, 기능, 의미 면에서의 웃음 소통체계라고 하는 새로운 접근 방식을 견지하더라도, 오랫동안 유효했던 웃음과 놀이, 웃음과 '모방 파트너'의 관계는 부정되지 않는다. 따라서 우리는 무거운 현실을 잠시 탈피하려는 인간의 모방 유희, 환영과 '자유'가 있는 제3의 영역으로 웃음을 이해할 것이다. 웃음은 또한 상황에 따른 복합적인 쾌감을 표현하는 수단이다. 즉, 고통스러운 현실 경험에 뿌리를 내린 자기애적 통제와 승리감의 표현이며, 가학·관음 욕구에 대한 상징적 만족의 쾌감, 초자아를 거역하는 쾌감의 표현이다. 하지만 웃음이 사회적, 개인적, 감정적 표현 시스템이라는 큰 범주에 자리 잡고 있다는 사실은 변하지 않는다.

첫째, 웃음은 웃는 주체의 정신내적 경험에 내재된 정서적 메시지를 전달한다. 의도적으로 또는 예상치 못하게 개인 혹은 집단이 웃음을 유발하는 데 성공하면, 분위기가 즐겁고 유쾌해진다. 이것은 웃음 소통이 긍정적으로 전달되었음을 의미하는 것이며, 주체의 웃음은 자기애의 승리와 쾌감을 표현하는 신호가 된다.

웃음은 또한 고통스러운 감정에 저항하는 자기방어 수단일 수 있다. 고통을 부인하고 싶거나 스스로를 속이고 싶을 때 주체는 '역모방'을 시도하는데, 이를 일종의 자기방어 메커니즘이라 볼 수 있다. 웃음은 이러한 간접적인 방법으로 부정적 정서 메시지를 전달하기도 한다.

또한, 웃음은 안면·호흡 배출 루트로서 (제어할 수 없을 정도로 엄청난) 정신적 긴장이나 흥분 에너지를 배출시키는 기능을 한다.

둘째, 웃음은 사회적으로 기호화된 모방 시스템이다. 여기에서 웃음은 개인의 정신내적 감정과는 아무 상관 없이 사회적 상호작용이 결정하는 '집단적 정서'로서 소통한다. 이때 웃음은 사회 규범과 예의의 규율을 따른다. 예컨대 집단적 만족감을 표현하는 웃음, 예의 바른 웃음, 유혹하는 웃음, 심지어 당혹감을 감추는 웃음 등 '규범화된' 웃음이 있다.

보편적인 웃음은 고등 영장류의 사회적 놀이를 모방하는 계통발생학적 유산이다. 이러한 큰 틀 안에서 인간은 웃음의 다양한 형태, 다양한 기능, 다양한 성격을 발전시켜 왔다. 이제 웃음은 사회 정체성을 나타내는 새로운 기호로서 규범이 복잡해질수록 웃음도 복잡해진다.

마지막으로, 의사소통 기능을 넘어서 삶과 죽음 사이를 살아가는 인간 존재의 근본적인 비극적 조건에서도 우리는 웃음의 역할을 찾아볼 수 있었다.

실제로 죽음의 공포에 대한 자기방어, 죽은 자의 환생 은유는 어쩌면 의기양양한 삶의 에너지를 폭발시키는 표현일지도 모른다. 그래서 웃음을 터트리는 순간 삶 자체도 가볍게 터져버리는 듯한 느낌을 받는지도 모르겠다.

참고 문헌

Dupreel E., Le problème sociologique du rire, Essais pluralistes, Paris, PUF, 1949.
Escarpit R., L'humour, Paris, PUF, coll. "Que sais je?", 1960.

Grojnowski D., Le rire moderne à la tin du XIXe siècle, Poéique, novembre, 1990.

L'humour d'expression française (Colloque international, Paris, juin 1988, organisé par CORHUM et publié dans Humoresques, Z Éditions).

Kofman S., Pourquoi rit-on?, Paris, Galilée, 1986.

Kris E, Psychanalyse de l'art , Paris, PUF, coll. "Le Fil rouge", 1988.

Lalo Ch., Esthétique du rire, Paris, Flammarion, 1949.

Mannoni O., Un si vif étonnement, Paris, Le Seuil, 1988.

Mauron Ch., Psychocritique du genre comique, Paris, Corti, 1964.

N'Guyen A., Le rire et la dérision, L'Évolution psychiatrique, 1955, p. 67-118.

Quatre essais sur le rire. Critique, Paris, 1988.

Puyuelo R, Le savoir-rire, Humoresques, n° 16, Paris, CORHUM, 2002.

Rubinstein H., La psychosomatique du rire, Paris, Robert Laffont, 1983.

Sarrazin B., Le rire et le sacré, Paris, Desclée de Brouwer, 1991.

Shentoub S. A., L'humour dans l'oeuvre de Freud (Séminaire de l'IPP de 1984-1988), Paris, Éd. Two Cities, etc., 1989.

Soulé M., Œdipe au cirq ue, RFP, t. XLIV, n° 1, Paris, PUF, 1980.

Souriau E., Le risible et le comique, Journal de psychologie, avril-juin 1948.

Stora-Sandor J., L'humour juif dans la littérature de Job à Woody Allen, Paris, PUF, 1984.

Wackenhein A., Rires et sourires en Alsace et ailleurs, Strasbourg, L'Alsatique de poche, 1973.

Ziv et Diem J. M., Le sens de l'humour, Paris, Dunod, 1987.